光启文景丛书

陈恒 主编

Friedrich Nietzsche

# The Contest of Homer and Hesiod

# 荷马的竞赛

## 尼采古典语文学研究文稿选编

［德］尼采 著　　韩王韦 译

上海人民出版社

# 出版前言

　　梁启超在《清代学术概论》中，把由徐光启（1562—1633）为代表的回溯"汉学"、追求"西学"的学术思潮，看作中国近代思想的开端。正是以徐光启为首的一代人，立足中华文化，承续学术传统，致力中西交流，展开文明互鉴，在江南地区开创出思想文化的新局面，也遥遥开启了上海作为近现代东西交流、学术出版的中心地位。有鉴于此，我们秉持徐光启的精神遗产，继承和发扬其经世致用、开放交流的学术理念，创设"光启文景丛书"，立足中国、借鉴国外，挖掘历史、把握当代，关怀人类、面向未来。努力构筑优秀学术人才集聚的高地，思想自由交流碰撞的平台，展示当代学术研究所取得的成果；同时，大力引介高质量的世界学术精品，既在自身文化中汲取活力，又积极把自身文明带到世界前沿，以高水准的国际性成果丰富中华文化的内涵。

　　丛书推重"经世致用"，即是注重文化的学术性和实用性，既促进学术价值的彰显，又推动现实关怀的呈现。本丛书以学术为第一要义，所选著作务求思想深刻、视角新颖、学养深厚。同时也注重实用，收录学术性与普及性皆佳、研究性与教学性兼顾、传承性与创新性俱备的优秀著作。以此，关注并回应重要时代议题与思想命题，推动中华文化的创造性转化与创新性发展，在与世界学术的交流对话中，努力打造和呈现具有中国特色的价值观念、思想文化及其话语体系，为夯实文化软实力的根基贡献绵薄之力。

丛书推动"东西交流"，即是注重文化的引入与输出，促进双向的碰撞与沟通，既借鉴西方文化，也传播中国声音，并希冀在交流中催生更绚烂的精神成果。丛书着力收录西方古今智慧经典和学术前沿成果，推动其在国内的译介与出版；同时也致力收录国内优秀专著，促进其影响力的提升，发挥更大的文化效用；此外，还将留意海内外学者具有学术性、思想性的随笔、讲演、访谈等的整理汇编，结集出版，建构思想操练和精神对话的空间。

我们深知，无论是推动文化的经世致用，还是促进思想的东西交流，本丛书所能贡献的仅为涓埃之力。但若能成为一脉细流，汇入中华文化发展与复兴的时代潮流，便正是秉承光启精神，不负历史使命之职。

丛书创建伊始，事务千头万绪，未来也任重道远。本丛书涵盖文学、历史、哲学、艺术、宗教、民俗诸多人文学科，需要不同学科背景的学者通力合作。本丛书综合译、著、编于一体，也需要多方助力协调。总之，丛书的顺利推进绝非仅靠一己之力所能达成，实需相关机构、学者的鼎力襄助。谨此就教于大方之家，并预致诚挚的谢意。

清代学者阮元曾高度评价徐光启的贡献，"自利玛窦东来，得其天文数学之传者，光启为最深。……近今言甄明西学者，必称光启。"追慕先贤，知往鉴今，希望通过"光启文景丛书"的工作，搭建起东西文化会通的坚实平台，打造上海乃至当代中国学术高原的瞩目高峰，以学术的方式理解和阐释中国，阅读与走向世界。

"光启文景丛书"编委会

2017 年 8 月 1 日

# 目　录

# 译者前言

尼采的学术生涯无疑是从荷马研究开始的。1869 年他在巴塞尔大学宣读自己的演讲稿《荷马与古典语文学》时，谈到的就是古典学的核心——荷马问题。1885 年 8 月，尼采在尝试亲手编纂自己的作品集时，还特意将这篇演讲稿收录在开端之处，[1] 这也表明了尼采对于他早期的荷马研究的重视。

除了《荷马与古典语文学》以外，尼采在巴塞尔时期还写了一篇考据文章《关于荷马与赫西俄德的弗洛伦萨论文：他们的谱系与他们的竞赛》，这篇考据文章后来被认为是尼采在实证主义语文学领域所做出的最大贡献。全篇共有五个章节。第一节与第二节发表于 1870 年，而第三至第五节则发表于 1873 年。那么，为什么这篇文章的前两节与后三节的发表，相隔竟然会长达三年呢？要解答这个问题，首先就需要弄清楚，在此期间尼采的身上究竟发生了些什么。

众所周知，尼采在 1871 年的 1 月曾经给威廉·菲舍尔（Wilhelm Vischer）[2] 写信，表达了他想从语文学教授转成哲学教授的愿望，然而，尼采的这份愿望却并没有得到菲舍尔的认

---

1　参见 KSA（Kritische Studienausgabe）版尼采全集第 11 卷，669 页，标号 41[1]。

2　威廉·菲舍尔（Wilhelm Vischer-Bilfinger, 1808—1874），瑞士古典语文学家，议会议员，在尼采获得巴塞尔大学的教职过程中起到了关键性作用。

真对待。于是，尼采就在之后的一年多时间内，写出了《悲剧的诞生》(1872)一书。《悲剧的诞生》是尼采背离语文学的起始。它不但为尼采招来了后辈校友维拉莫维茨 (Ulrich von Wilamowitz-Moellendorff)[1] 的批评与嘲讽，还为尼采的教学生涯带来了极大的危机，在 1872 年，选修尼采古典修辞学课程的学生就只剩下两位了。在这样的背景之下，我们再回过头来看那篇考据文章《关于荷马与赫西俄德的弗洛伦萨论文》，意义就会大不相同。

这篇文章的前两节发表于《悲剧的诞生》之前，而后三节则发表于《悲剧的诞生》之后，并且，尼采所要考证的具体观点其实在前两节里就已经表达完了，如果说第三节还算得上是对前两节的内容做了必要的补充的话，那么第四节和第五节所探讨的方向则基本上与前三节无太多关连。因此，尼采完全没有必要再继续写出后面的这两个章节。当然续写这两个章节也是有原因的，因为在第二节结尾处他曾经明确地表示要继续研究阿尔西达马斯的《学园》，[2] 如果只续写出第三章节，显然还不足以支撑起研究的全面性，这就为后续两个章节的出现留有了余地。但是他在第五节的结尾处也曾经信誓旦旦地说要继续研究荷马与赫西俄德的族谱，但却最终并没有实行。由此可见，兑现三年之前的研究诺言，并不是尼采续写后面三个章节，尤其是最后两个章节的唯一理由。因为他完全可以不再续

---

1　维拉莫维茨 (Ulrich von Wilamowitz-Moellendorff, 1848—1931)，德国著名古典语学文家，尼采的校友。

2　尼采认为《荷马与赫西俄德竞赛》一文源自于阿尔西达马斯的《学园》(*Museum*)，随后在第三章节中他论证了《学园》在阿尔西达马斯那里就是修辞学教科书的意思。

写（没有第三章节，前两节在学理上也可以独立成篇），或者只续写出第三个章节。显然，尼采之所以会为这篇考据论文续写出后面的三个章节，除了有兑现承诺的意思以外，也包含有回应在《悲剧的诞生》出版之后学界质疑其语文学研究能力的成分。

　　除了这篇考据文章之外，1872 年，尼采还完成了《荷马的竞赛》一文。《荷马的竞赛》其实是一本书的前言，这本书就像尼采早期雄心勃勃所承诺的其他书目[1]一样，并没有完成。目前所能够发现的只有尼采 1871 年手稿中的一些相关笔记和一个内容大纲。这些遗稿收录在乔治·科利（Giorgio Colli，1917—1979）和马志诺·蒙提那里（Mazzino Montinari，1928—1986）编辑的"批评研究版尼采全集"（KSA）第 7 卷。KSA 版全集收录的遗稿基本上是按照时间顺序编排的，所以就主题而言会显得有些散乱。相反，在 Musarion（MusA）版尼采全集[2]里，编者选择把题材相近的遗稿编在一起，因此主题就相对清晰一些。从 MusA 版尼采全集所收录的手稿中可以看出，尼采在这一时期滋生了一些相当大胆的猜想，比如说他曾经认为，所谓的荷马与赫西俄德的竞赛，不过是游吟诗人之间的竞赛罢了。在游吟诗人的竞赛中，荷马与赫西俄德的名字就是奖品，哪一位诗人的吟诵技艺比较高超，就会被赐予荷马或者赫西俄德的名字。这样的猜想即使在今天看来，也是过于

---

1　如《希腊城邦》（*Der griechische Staat*），《论真理的激情》（*Über das Pathos der Wahrheit*）等等。

2　Musarion 版尼采全集（MusA），是理查德·于勒（Richard Oehler，1878—1948）和马克思·于勒（Max Oehler，1875—1946）以及维茨巴赫（Friedrich Chr. Würzbach，1886—1961）共同编辑的《尼采全集》（共 23 卷），于 1920—1929 年面世。

胆大妄为的。不过，从这些胆大妄为的猜想当中也可以看出，1871—1872 年期间，尼采所思考的重心根本就不在古典语文学之上，也就是说，他根本就不关心古文献中的荷马或者赫西俄德究竟是什么样子，而是努力地想将其打扮成符合自己所希望的样子。

《荷马的竞赛》一文的写作时间与《悲剧的诞生》大致相同，可见它与《悲剧的诞生》一样，也是尼采在试图背离古典语文学时所探寻出来的成果。与其说这篇文章是语文学的，不如说它是哲学的或者风俗学的。当然，这篇文章对于后世的影响，包括对于后来的语文学界的影响，似乎都远远超过了尼采的那篇考据文章《关于荷马与赫西俄德的弗洛伦萨论文》，当然也超过了尼采的那篇就职演讲稿《荷马与古典语文学》。不过，目前仍旧信奉实证主义语文学的研究者们可能并不会这样认为。他们或许仍愿相信尼采的《关于荷马与赫西俄德的弗洛伦萨论文》，其价值和意义要远大于《荷马的竞赛》，甚至要远大于《悲剧的诞生》。因为《悲剧的诞生》里除了有一些无法被证实和证伪的洞见之外，很难有被引证的价值。

本书将尼采早期研究荷马的文稿结集成册，除了想系统地引介尼采早期关于荷马的语文学研究成果以外，还想呈现出尼采早期摇摆于哲学与语文学之间的思路历程。当然，除了本书所收录的文章以外，尼采在《悲剧的诞生》里，也曾经多处论及过荷马。就此，读者也可以通过阅读本书的附录《尼采巴塞尔时期的荷马研究》一文，来了解相关的详情。

最后，需要补充的是，本书中的文章所翻译的时间，以及翻译时所依据的版本各不相同。《荷马与古典语文学》，译于 2013 年 8 月左右，当时译者还在德国留学，所依据的版本是施莱希塔（Karl Schlechta）版《尼采全集》（三卷本）（1954）第三卷第154—174页；《荷马的竞赛》则译于2014年7月，所依据的版本是KSA版尼采全集（1988）第一卷第781—792页；《1871年手稿摘选》译于同年11月，依据的版本是MusA版尼采全集（1920）第二卷第380—388页；而《关于荷马与赫西俄德的弗洛伦萨论文》则译于2014年12月至2015年4月之间，所依据的版本是MusA版尼采全集第二卷，第149—218页。在译完之后，译者还依据MusA版尼采全集第二卷对之前的所有译文进行了统校，并补译了《关于〈荷马与古典语文学〉的思想导纲》一文。书中脚注，如未做说明，皆由译者所加。

在翻译的过程中，一些字词上的疑难得到了慕尼黑大学哲学系教授埃尔玛·特瑞普特夫（Elmar Treptow），以及苏黎世大学西班牙语讲师华金·鲁阿诺（Joaquín Ruano）博士的帮助，译文所受益之处，在脚注部分都一一做了标明。还需要感谢的是，在慕尼黑大学做博士后的余明锋博士，他将他的译稿《荷马的竞赛》赠送于我，让我在重新翻译这篇文章时有了借鉴和参照的依据，需要说明的是，在校改《荷马的竞赛》一文时，译者还一定程度上参阅了蔡乐钊先生的译本，谨在此深表谢意。此外，柏林洪堡大学的博士生邓苗也为本书的翻译查找过资料，向其致以衷心的感谢，也是理所应当的。本书翻译工作曾受国家留学基金委和上海市哲学社会科学基金的资助，也表示感谢。

虽然本书的译介得到了许多师长和友人的帮助，但如果文稿中有所错漏，文责着实只在我一人。

本书的翻译受国家留学基金委出国留学基金（编号：

2011626123），上海市哲学社会科学基金青年项目"尼采伦理思想研究"（编号 2016EZX002）的资助。

译　者

2015 年 4 月 16 日

# 简缩术语对照表

| 尼采所使用的简缩语 | 简缩语所对应的原文 | 汉　译 |
|---|---|---|
| *Anal. Alex.* | *Analecta Alexandrina* | 《亚历山大里亚文选》 |
| *Anecd.*<br>*Anecdota*<br>*Anecd. Graec. et*<br>*Graecolat.* | *Anecdota Graeca et*<br>*Graecolatina* | 《希腊与希腊–拉丁诗文汇编》 |
| *Anthol.* | *Anthologie* | 《诗选》 |
| *Apost.* | Apostolius | 阿波斯托里乌斯 |
| *Arist. Pseudepigr.* | *Aristoteles*<br>*pseudepigraphus* | 《亚里士多德伪书》 |
| *Arsen.* | Arsenius der Große | 阿尔森尼乌斯 |
| *Atlas* | *Atlas antiquus* | 《古代地图集》 |
| *Auctar. zu Vater's*<br>*Animadvers.* | Auctarium ad Vateri<br>Animadversiones<br>Aristotelias | 《对法特评注的补录》 |
| *biblioth.* | *Bibliotheca or Myriobiblos* | 《万书博览》 |
| *Biogr.* | *Biographoi* | 《传记》 |
| Boisson | Jean François Boissonade<br>de Fontarabie | 鲍伊森 |
| *Consol. ad Apoll.* | *Consolatio ad Apollonium* | 《对阿波罗尼乌斯的吊唁》 |
| *de sollert.animal.* | *DeSollertiaanimalium* | 《论动物的聪明》 |

（续表）

| 尼采所使用的简缩语 | 简缩语所对应的原文 | 汉　译 |
|---|---|---|
| *Diogen.* | Diogenes von Sinope | 锡诺帕的第欧根尼或第欧根尼 |
| *diss.Hom.* | Homerica dissertatio | 《荷马论稿》 |
| *Ecl.* | *Eclogae* | 《诗选》或《选集》 |
| *Epischer Cyklus* | *Der epische Zyklus oder die Homerischen Dichter* | 《史诗时代或荷马式的诗人》或《史诗时代》 |
| *Etymol.* | Grundzüge der griechischen Etymologie | 《希腊词源学基要》 |
| Eurip. | Euripides | 欧里庇得斯 |
| *Floril.* | Florilegium | 《文选》或《选集》 |
| *Geogr. v. Griech.* | Geographie von Griechenland | 《希腊地理》 |
| *Graec.affect. cur.* | *Graecarum Affectionum Curatio* | 《希腊劣疾的治愈》 |
| Laert.Diog. | Diogenes Laertius | 第欧根尼·拉尔修 |
| *Oed. Col.* | Oidipous epi Kolōnō | 《俄狄浦斯在科罗诺斯》 |
| *Phoen.* | *Die Phönikerinnen* | 《腓尼基的妇女》 |
| *Pyrrh. Hypotyp.* | *Pyrrhōneioi hypotypōseis* | 《皮浪主义怀疑论纲要》 |
| *Vit. Soph.* | Vitae Sophistarum | 《智术师生平》 |
| *vit. script. graec.* | *Biographoi. Vitarum scriptores graeci minores* | 《希腊作家生平》 |
| Westerm | Anton Westermann | 安东·威斯特曼 |
| *Schol.ad Hesiod.opp.* | Scholia ad Hesiodum Opera et Dies | 《赫西俄德〈工作与时日〉评注》 |
| Sext. Empir. | Sextus Empiricus | 塞克斯都·恩披里柯 |
| Soph. | Sophokles | 索福克勒斯 |
| *Strom.* | *Stromata* | 《杂记》 |
| *Tusc.* | *Die Tusculanae disputationes* | 《图斯库勒论辩》 |

# 荷马与古典语文学 [1]

站在巴塞尔，我并不气馁
可是有些孤单，真遗憾
我大声叫喊：荷马！荷马！
这使得每个人都感到累烦。
他们在去教堂或者回家的路上
嘲笑这位高声叫喊者。

现在对此我已不再忧虑；
最好的听众
在听到我荷马的叫喊时
是平静且有耐心的。
为了酬报这份热情
出于友善，特此将谢意付梓。[2]

---

1 本文是尼采在巴塞尔大学的就职演讲。这个演讲收录在施莱希塔三卷本尼采作
  品集（慕尼黑，1954）第三卷，154 到 174 页；电子版尼采作品集施莱希塔版
  （Directmedia，Berlin 2000）8249 到 8281 页，本文所有脚注为译者所加。本文曾
  刊于《教育研究与评论》，2013 年第 4 期。
2 尼采曾将这个演讲稿打印了大约三十份，送给亲友，这首诗出现在他送给妹妹伊
  丽莎白·尼采和瓦格纳的夫人克西玛·瓦格纳等人的稿件中。而诗中最好的听众，
  应该也是对那些能读到诗的人说的。

　　我们现在对于古典语文学，并没有一个统一的，清晰可辨的公共意见。置身于学界，人们就会感觉到，如同置身于某一门科学的信徒之间。这得归因于古典语文学的多重特性，概念统一上的不足，以及不同的学术工作的无意义堆积，这些学术工作不过是借用"语文学"这个名号互相联系起来罢了。也就是说，人们必须真诚地坦白，某种程度上来说，语文学从其他学科里借鉴了许多东西，就像用奇异汤水、金属和骨头一起酿制成的魔法饮料一样；此外，语文学自身还包含有一种艺术式的，立足于美与伦理之上的强制性的要素（imperativisches Element）；这一要素跟语文学里那纯科学的派头处于冲突之中，令人担忧。语文学不仅是历史的一部分，还是自然科学的一部分，更是美学的一部分：就此而论，历史试图从永远鲜活的影像中，理解那体现了特定民众个性的声明（Kundgebungen），从不断飞逝的表象中，理解那起着支配作用的法则；而自然科学则致力于探究最深层次的人类本能，语言本能；最后，美学是想从古董行列里，搭建起所谓的古典时代，它怀着这样的意图和要求，即，把被掩埋的理想世界挖出来，为当下提供一面古典且永恒有效的镜子。[1]将不同的科学式的冲动与美学——伦理式的冲动，通过一种表面上的君主制（Scheinmonarchie），[2]一并安置到一个相同的名号或者相同的风格之下；首先就应该通过如下的事实来将之解释清楚：语

---

1　尼采在这里谈历史，自然科学和美学，都是以语文学为参照点来谈的。换句话说，尼采在这里讲的是语文学的历史层面，科学层面和美学层面。

2　表面上的君主制，即是君主失去了自己的威权，也即虚君制。这里指语文学将不同的东西放置于自己的名号之下，成了一个虚的，没有威权的概念。

文学自开端以来，任何时候，都同时还是教育学。从教育学的角度来看，精选出最有教学价值和最能促进文化修养的元素，然后，在需求的压力之下，出于现实的工作，才发展出了我们称之为语文学的某种学术或者某种学术动向。

语文学的各种基本方向在特定时期，会以时强时弱的活力显现出来，它与当时的教化程度及品位进化有关。另一方面，学术代理人们，习惯于将自己力所能及，并且愿意从事的研究方向，理解为语文学的主要研究方向，因此，公共意见对于语文学的认识，就很大程度上取决于语文学家自身的人格魅力。

目前，也就是说在这样一个时代，语文学几乎每一个可能的方向，都相当杰出地上演过了，一种判断上的普遍的不可靠性在增长，同时，对于语文学问题的参与热情却在减弱，疲劳感在增加。只要一种不果断、不完美的公共意见和学术相遇，学术公开和隐蔽的敌人就会成功地运作，达成目的。语文学正好就有很多这样的敌人。人们总是会遇到一些嘲笑者，他们一直乐意于给语文学这只鼹鼠以打击，这只鼹鼠就职业（*ex professo*）而言，是从事于尘土吞食工作的，它堆建并刨乱土堆十次，还会再堆建并刨乱十一次。对于这类敌人来说，语文学虽然无用，然而毕竟还是无害的消遣，是开玩笑的对象，而非仇视的对象。与此相反，有一种针对语文学的疯狂且不可抵挡的厌恨。在那布满恨意的领域里，理想是被害怕的东西；在那里，现代人欢快的赞赏着跪倒，崇拜自己；在那里，希腊本位主义（das Hellenentum）[1] 也被当成是一种已经被取代了的，因此也就无关轻重的见解。为了对抗这些敌人，我们语文学家

---

1  das Hellenentum，还有希腊文化，希腊精神或希腊风格的意思。

们有必要指望艺术家或者有艺术天分的人的帮忙。因为，唯有这些人才能够感知到，野蛮之剑在每一个人的头项舞动，希腊那无以形容的单纯和高贵的威严从人们的视野中消失了；唯有这些人才能够感知到，如果没有如此辉煌的技术和工业的进展，如果没有如此合乎时代的学院规范，如果没有如此广泛全面的民众的政治教育，我们就能依靠那可怕而又美丽的古典的蛇发女妖的头颅（Gorgonenhaupt）[1] 来保卫我们自己，远离因为鉴赏品位的迷失而产生的荒谬和野蛮（skythischer）[2] 的咒骂，远离毁灭。

当语文学作为整体被以上两类敌人投以嫉恨和怀疑的眼光时，在语文学特定的方向上，还存在着许多不同的敌意。语文学家们互相之间争斗不休。这种家庭内部的不和，是由无用的等级竞争和相互之间的嫉妒引起的；但是，这种不和，首先是因为差异性的，甚至敌对的东西，以语文学之名，联合在了一起，然而，它们在本质上却是无法融合的。

科学[3] 和艺术在一点上是相同的，就是，对它来说，日常的东西是全新且充满吸引力的。就好像这些东西借用了魔法的权能，刚刚出生，并且第一次显现出来。艺术说，生命是宝贵的，值得好好去生活，她就是一位美丽诱人的妖妇；科学

---

1　戈尔工（Gorgonen），又译为蛇发女妖，戈尔工三姐妹包括丝西娜、尤瑞艾莉和美杜莎。是古希腊神话中海神福尔库斯与刻托的女儿。传说她们口长尖牙，头生毒蛇，凡见到她们的人，就会即刻化为石头。女神雅典娜的盾牌中央，就镶嵌有美杜莎的头颅，这样可以使见到这块盾牌的敌人变为化石。

2　Skythischer，可译为斯基泰人式的。斯基泰人（Skythen），没有文字，这里指野蛮而没有审美方面的进化。

3　在德文中，科学和学术是一个词，Wissenschaft，在这篇文章中，尼采所讲的Wissenschaft，多指学术。但个别地方，译为科学却更恰当一些。

说，生命是宝贵的，值得好好去认识。在艺术与科学的这种对立中，那种内在的，撕心的矛盾，屈从于概念，并且相应的，屈从于由这个概念所引导的古典语文学的活动。我们用科学的方式来对待古代；我们喜欢用历史学家的眼光来理解所发生的一切，或者用自然探险者的方式，把古代名著的语言形式进行分类，比较，再将之归入一些词态学的规则之下：我们总是会遗失古代氛围的本真气味，遗失那神奇的教育力量；我们遗忘了炙热的感情冲动，它通过本能的力量，像一位优美可爱的女驾驶员一样，引领着我们的精神与喜好，通向希腊人。从此出发，一个确定而又十分意外的对立[1]才被制造了出来，这值得我们注意，对于这种对立，语文学总是怀有最大的遗憾。换句话说，在这个领域中，我们无疑是需要指望这些人的援助的：有艺术气的古代之友，以及热烈仰慕着希腊式的俊美和它那高贵的单纯的人们；这些人时常会大声叫喊出不和谐的声音，似乎语文学家们自己就是古代风俗和古代理念（der altertümlichen Ideale）的真正敌人和破坏者。席勒指责这些语文学家，说他们把荷马的桂冠给撕碎了。歌德，早先曾经是一位沃尔夫[2]式的荷马观点的追随者，在如下的诗句中他宣告了

1 这里的对立，指的是上文中提到的，以科学的，学术的方式来对待古典，还是以艺术的方式，怀着感情冲动，去寻觅古典时代的氛围。

2 弗里德里希·奥古斯特·沃尔夫（Friedrich August Wolf, 1759—1824），是一位与歌德同时期的古典语文学家。主要著作是《关于荷马的绪论》（*Prolegomena ad Homerum*），在本书中，沃尔夫针对荷马作品的起源以及荷马是否是唯一作者提出了质疑。尼采在 1874 年《作为教育者的叔本华》一文中说，经典的古代世界已经变为任意的古代世界，它的追随者已不再将古典视为摹本与榜样。随后尼采又对沃尔夫现象发出追问：沃尔夫的精神将会走向哪里？参见 KSA 第 1 卷，424 页，德文版 25 至 32 行。

自己的变节：

> 你们如此机敏，如你们所是，
> 让我们摆脱了所有的崇拜，
> 我们坦承极端自由。
> 《伊里亚特》[1] 不过是拼凑之物，
>
> 但愿我们的背叛不会伤害任何人，
> 青春激情燃烧
> 我们宁愿将荷马作为一个整体去思考，
> 作为一个完整的欢悦去感受。[2]

　　人们无疑会认为，虔敬与崇拜热情的缺失，其原因想必藏于更深层的地方：许多人犹疑着想，是否因为语文学家们完全缺乏艺术能力和艺术感受，以至于他们无力，让理念得以公正；[3] 或者是否因为在他们中间，否定的精神演化成了一个强大的毁坏偶像的趋势。但是，如果那些古代之友自身也怀有如此的顾虑和疑惑，指出当前的古典语文学从头到尾全是问题时，那么，会有什么样的影响，能有补于现实主义者们的横行和那些"当代英雄们"的废话呢？鉴于当下许多人围坐在这里，更晚一些就这种情况进行回应，可能是很不恰当的。如果我不想

---

1　荷马的主要作品之一。
2　这首小诗名为《荷马，又是荷马》(*homer wieder homer*)，收于歌德诗歌作品集（十六卷），第一卷，592 页，柏林版。
3　指上文提到的，语文学家自己成为古典理念的敌人和破坏者。

遭遇像那位诡辩家 [1] 一样的境况，他在斯巴达公开赞扬并维护赫拉克勒斯，却被一声大喊打断：究竟谁会指责他呢？ [2] 为避免这种状况，我禁不住有了这样的想法：一些疑虑也会在在座的不少人的耳畔回响；这些疑虑就像从高贵且有艺术天赋的人们的口中，被频繁地听说到一样；就像一位耿直的语文学家真诚的，而非是在情绪低沉乏味的时刻，对于至痛至苦，所必须要感知到的顾虑一样。就个体而言，以上所描述的矛盾纠纷，不存在任何解救的可能：因为，我们所主张并如旗帜一样高举着的，是这样的事实：古典语文学就整体而言，与任何追随者个人的争执与悲伤无关。这个科学 —— 艺术式的总体的运动，这个奇特的半人半马式的运动，[3] 以可怕的力量运行着，如巨石一般缓慢，在理想的古代与现实的鸿沟之间，搭建起桥梁。而那理想的古代，可能仅仅是日耳曼式的对南方的向往所开出的花朵。因而，古典语文学致力追寻的不过是它自身本质的最终完成，是原初的敌意冲动彻底的融合共生，这些基础的冲动不过是被暴力的方式拉扯到了一起。有必要谈论一下这一目标的不可实现性，这目标本身就意味着一种不合逻辑的索求 ——但是，沿着那条路线的奋斗和运动，却是现实的；我想试着用一个例子，来让它变得清晰：古典语文学最卓越的步履从来没有远离理想的古代，相反，是通向它的；恰恰在人们滥谈圣所

---

1　这里指的是普罗狄克斯（Prodikos von Keos），他曾在斯巴达作过一个关于赫拉克勒斯的演讲，赫拉克勒斯在美德与恶行两位美妇面前，选择了美德。

2　听众质问普罗狄克斯，到底有谁会对赫拉克勒斯的选择进行责难？如果没有人责难，也就不需要普罗狄克斯去维护。尼采借此类比自己的演讲。如果听众对语文学也怀有如尼采一样的想法，那就不需要尼采再多说什么了。

3　指古典语文学的整体上的运动，是一种科学与艺术混合着的，半人半马式的运动。

被颠覆而倾塌的地方，新的更有价值的祭坛被建了起来。让我们从这个立场出发，来检视一下所谓的荷马问题，席勒曾经将这一重要的疑难问题作为一个学术上的原始问题来谈论。

这一重要疑难问题，就其意味来说，即荷马的人格问题（der Persönlichkeit Homers）。

当前，四处都能听到这样的论调：荷马的人格问题实际上已经不再合乎时宜了，它彻底地远离了真正的荷马问题。现在人们无疑可以承认，就特定时期而言，比如就我们语文学的当下而言，荷马问题的中心可以与荷马的人格问题相疏离；而恰恰正是在当代，人们谨慎地做着实验，不考虑荷马人格的根本援助，将荷马的诗歌作为许多人的创作来营构。如果在新观点的河水充盈流淌之处，人们能正当地找到一个科学问题的中心，那就是说，在这里，在这一点上，个别的科学研究与总体的科学和文化生命有了相通之处；换句话说，如果人们将这个问题的中心视为是一个文化历史的评判标准，那就必须在荷马研究的领域里，直面荷马的人格问题，并将之视为，整个的问题圈中，真正能带来成果的核心。这也就是说，现代世界从荷马那里，我不想说是习得了，但想说是求证了，一种伟大的历史见解；至于对这历史见解的求证是否伴随着喜悦已经被执行或者能够被执行，就此我不表态，但可以肯定的是，通过这样的求证探索，就富有成果的观点的应用来说，第一个榜样已经被提供了出来。在此，人们了解到，要从古代民众生活的稳定的形象中辨认出浓缩了的表象；在此，人们第一次认识到了民众精神的神奇能力，风俗与信仰的状态可以在人格的外衣之下得到这民众精神的灌注。当历史批评全然自信地，攫取了能驱散具体的人格的方法时；那么，如下的情况就会被允许，即，这第一次的探索实验 [1] 被视为科学史上一个重要的事件，而完全不用去考虑，它在这样的局面中会不会获得成功。

在一个划时代的发现之前，通常有一个由显著的征兆和初始的具体观察组成的序列，这样的学术进程是正常的。即使前面所提到的探索实验也拥有其颇具吸引力的史前史，只不过它的史前史处在一个令人惊异的遥远的时间段。而弗里德里希·奥古斯特·沃尔夫恰好就出现在希腊古代遗失了荷马问题的地方。那些伟大的来自亚里山大港的文法学家的时代，就是希腊的文学史研究达到的制高点，因此也是文学史研究的中心，荷马问题，所实现的制高点。直到这个制高点，荷马问题已经经历了一个稳定的漫长的发展过程，这些文法学家，是作为荷马问题发展链的最后环节，同时，也是作为古典 [2] 完全实现的最后一步而出现的。他们把《伊利亚特》和《奥德赛》当成是一位荷马的创造：[3] 他们解释说，具有多样的总体特征的作品，源起于一位天才，这在心理学上是可能的；这与另一些荷马批评家（Chorizonten）[4] 的观点相反，那些批评者代表了对古代偶然的单一个体，而不是对古代本身，最尖锐的怀疑。为了解释一位诗人却有两部不同风格的史诗，文法学家们求助于诗人的年龄，将写《奥德赛》的诗人比作就要落幕的太阳。然而荷马批评者的眼睛仍旧不知疲倦地，警惕地从两部史诗中搜寻

---

1　指上文提到的从荷马那里寻证一种历史见解和历史观点。

2　Das Altertum，别处均译为古代。

3　这里古代的文法学家的观点与沃尔夫相对。

4　Chorizonten，又称 der, Zerteilenden'。特指亚历山大时期的一些批评家，他们认为《伊利亚特》和《奥德赛》是由不同的诗人写出来的。其中较出名的有文法学家克赛农（Xenon）和来自亚历山大里亚的赫拉尼库斯（Hellanikos）。

语言与思想表达上的不同；与此同时，文法学家们考虑到荷马诗歌的历史和它的传统，依据这历史和传统，两部史诗在语言与思想表达上的不同，就不是因为荷马，而是因为荷马史诗的编纂者和歌唱者。他们认为，荷马史诗在一段时间里，是通过口口相传来散播的，并且蒙受着即兴表演所带来的麻烦，和歌者时常会被遗忘的缺陷。在一个已知的时间里，也就是说，在庇西特拉图时期，[1] 这些口头相传的诗歌断片被收集整理书写了下来；于是，文法学家们承认，史诗中一些软绵绵的，不恰当的东西得归咎于那些编纂者。这个假设在文学研究中是最为意义深远的，它支配并呈现了古代；与书本求知时期的习惯相反，获悉荷马史诗的头口传播，这是古人的学问中一个值得赞赏的制高点。从那些时期到弗里德里希·奥古斯特·沃尔夫的时期，必须跳过一个巨大的真空地段；但是，越过了这真空地段，我们又一次发现了对这一问题的研究，而古代也曾经针对这个问题将其争论的力气用尽；对我们而言，这样的事情似乎是无关紧要的：即，沃尔夫当作确实的传统所接收的，却恰恰是古代当作假设所坚立起来的。这个假设的特征就是：通过荷马的性情，庄严应该在最严格的意义上，被制造出来；合法性以及内部的协调一致，在性情的外溢表现中，会被设定为前提条件；而一旦有抵制合法性，违背内部和谐的，人们就会依据两个杰出的辅助性的假设，将之视为是非荷马的东西，清除掉。不过这个假设的基本特征，想从超自然的本质的角度去认识一个可以看得见摸得着的性情，它会以持续增加的活力和不

---

1　庇西特拉图（古希腊：Πεισίστρατος，德：Peisistratus），生活于公元前 6 世纪的古希腊政客，通过武装政变成为雅典的僭主。荷马史诗的整理工作就是在他统治时期进行的。

断变大的概念上的明晰性，穿越每一个阶段，向着制高点 [1] 行进。个体特性将被不断的浓烈地感知和强调，而独一无二的荷马的心理学的可能性，也会被不断的强烈地需求。如果我们从这个制高点一步一步地往回追溯，我们就会遇上亚里士多德对于荷马问题的见解。对亚里士多德而言，荷马是一位无瑕疵，无缺点的艺术家，他完全清楚自己的目标和实现目标的方法：但是，在亚里士多德那里，仍然有一个不成熟的观点，即，他沉溺于公众意见，认为荷马是所有喜剧史诗的渊薮，《马尔吉特斯》(*den Margites*) [2] 的作者。我们从亚里士多德那儿继续往回追溯，理解荷马人格的无力感就会增大；越来越多的诗歌会在荷马的名号之下被积累，并且，每个时代都向我们展示了它们对此的批评程度：即，什么能被认为是荷马式的，以及有多少东西配称为是荷马式的。在这漫长的往回追溯中，人们会本能的感觉到，在希罗多德之前有一个时期，在那里，一条无限的伟大史诗的洪流，被冠以荷马之名而认定。

试想一下我们生活在庇西特拉图时期，那时，"荷马"这个词包含着一种不同风格的充盈。荷马在那时到底意味着什么？很明显，那个时代发觉自己不能科学的把握荷马性情和它的表达的界线。荷马此时几乎已经变成了一个空心的谷壳。现在，我们遭遇到了一个重要的问题：在这个时期之前又是什么？因为人们无法理解和把握荷马的性情，所以荷马就逐渐汽

---

1　指上文提到的曾在亚历山大港居住的文法学家的研究。

2　《马尔吉特斯》(*den Margites*)，是古希腊喜剧滑稽史诗。大多已经逸失。亚里士多德在《诗学》中认为，这是荷马的作品。然而，经考证，应该是古希腊诗人，来自卡里亚（Karien）哈利卡那索斯城（Halicarnassus）的皮格雷斯（Pigres）所著。该史诗的主角是一个不知身世的，叫马尔吉特斯的蠢货。

化，变成了一个空空洞洞的名字？或者，有些人曾经以幼稚的民间的方式来表现所有的英雄诗歌，并且用荷马这个人物形象来自称？因此，到底是从荷马这个人那里诞生出了一个荷马的概念，还是从荷马这个概念那里诞生出了一个叫荷马的人？这才是真正的"荷马问题"，这才是荷马人格问题的中心。

如果人们想从另一个方面出发，也就是说如果人们试图从现存的诗歌的角度出发，来寻找答案，那么解决荷马问题的困难性就会增加。就像在当代，要清楚地理解万有引力定律的悖论，是困难的，它需要付出严格的努力。这个悖论就是，当太空中另一个天体变换它的位置时，地球就会变化他的运动形式，即使两者之间并没有一条物质带相互通连。当前，要想对一个神奇的问题有全然地观感，是困难的。因为，这个问题，经过长期的手手相传，如同硬币一样，原初压印出来的醒目的纹案，总是会消失不见。荷马的诗歌作品，这使得最伟大的天才也会丧失与其竞赛的勇气的诗歌作品，这为后来的所有艺术时期树立了永远不能被超越的典范的诗歌作品；其诗人，却仅仅是一个空洞的名字，当人们用手触摸它时，它又那么易碎，一种能起支配作用的人格的稳固核心无迹可寻。"究竟谁会斗胆与诸神开战？谁会斗胆哪怕是与一位神开战？"[1] 歌德曾这样追问。歌德虽然是一位天才，但试图去解决那神秘而不可征服的荷马问题，也只是枉费力气。人民诗歌（*Volksdichtung*）[2] 这个概念就像一座飞跨于荷马问题之上的桥梁：在荷马问题这里，应该活跃着比单独的创作个体更深，更为原初的力量；那

---

1　出自歌德的诗歌《赫尔曼与多萝西娜》（*Hermann und Dorothea*）。
2　民众诗歌或者人民诗歌（Volksdichtung）的思想，源自以歌德为代表的"狂飙突进"运动。依据这一思想，所有的天才的创作，都应归功于他们所处的时代。

些愉悦的民众应该在他们那个愉悦的时代，用最最活泼的幻想和诗意的塑形能力，孕育出了这些不可测量的诗歌。人民诗歌的思想，一般而言，有一种能使人烂醉，犯迷糊的东西；伴随着艺术的欢悦，人们能感受到一种广阔而有力的通俗品性上的释放；同时，人们对这一自然迹象感到兴奋，就如同他们对不断奔流的河水感到兴奋一样。一旦有人想靠近这一思想，仔细观察打量，他就会不自觉得将诗意的人民大众安放于诗意的人民灵魂（Volksseele）的位置；在长长的人民诗人的行列中，个体没有什么意义；在这些人民诗人的行列中，有力量的是人民灵魂的喧嚣波动，人民眼睛的直观力量，以及，人民想象力的永不衰弱的充沛丰盈：天才是从属于一个时代，从属于一种诗歌门类，从属于一种题材的。

但是，这样的设想也是值得怀疑的：同样的自然，它如此吝啬地分配着她那最稀有、最讨人喜欢的产品：天才，但却又会突然在某一点上，怀着神秘的冲动，大肆挥霍，这难道是理所应当的吗？这个棘手的问题要再次表述为：难道我们不可能去跟一位作为个体的天才相处，去宣告他那高不可攀的杰出是现实存在的么？现在，敏锐的目光要聚焦于，搜寻天才的杰出性与独特性。一派人认为，从总体作品的框架中去搜寻天才的杰出性和独特性是不可能的，因为总体作品的框架彻彻底底地布满了缺陷和瑕疵，但是，毋庸置疑，在一首单个的歌曲中却可以搜寻得到；那么，根本就应该在个别中搜寻，而不是在总体中去费力。与这一派人的观点相反，另一派人以亚里士多德为权威，亚里士多德曾对荷马所有作品中荷马那神一般的天赋，表达了最高的钦赞；如果荷马作品的结构没有清晰地凸显出来，这得归咎于代际之间的流传，而不是诗人的错误；流传中修饰与篡改的后果是，作品原初的内核被逐渐地蒙蔽了。前一派人从荷马史诗中搜寻出来的不一致，矛盾和混乱越多，后一派人就会越果断地丢弃掉，那些依照他们的感觉，蒙蔽了原初作品的东西，只是为了尽可能的将史诗的本来面目保持于手中。第二派人的思想的实质就是，他们坚信，一位划时代的天才，就是一部伟大的极具艺术性的史诗的作者。与此相反，另一派人则来来回回地纠结于两种设想，要么接受一位天才和一定数量的无关紧要的改写者，要么假想，根本就只有一个诸多诗人组成的优异序列，在这序列中，作为个人的吟唱歌手，却是极为普通的；但是，这个假想的先决条件是，有一条神秘的奔流，即有一种深层的艺术化的民众冲动，这种深层的民众冲动，显然将单个的游吟诗人当成了一个几乎无关轻重的媒介来表现它自己。这一派人的结论就是，必须将荷马史诗无与伦比的优点归功为那种神秘的不断涌动的民众冲动的自我表现。

所有的流派都假定，有必要从一种美学判断的角度出发来解决荷马史诗现存的问题：然而人们期待，在天才个体与诗化的人民灵魂之间，能够裁定出一个得体的界线。到底在天才个体的表达与诗化的人民灵魂的表达之间，有没有特性上的不同？

但是，这种整体上的对立是不合理的，并且会导致错乱。由此就有了如下的顾虑：在现代美学中，没有什么比人民诗歌和个体诗歌（按照通常的说法就是艺术诗歌）的对立更危险的了。它是一种倒退，如果人们愿意，也可以说它是一种迷信，它就包含在最具成果的历史语文学的学术发现中，包含在对人民灵魂的发现和赏识中。换句话说，通过对人民灵魂的发现，一个为一种近似科学的历史的沉思而准备的基础，第一次被创造了出来，这种近似科学的沉思从那时起一直到现在，有过许多形式，但都不过是一种单纯的材料收集罢了；它的前景是，材料在无穷无尽的显著增加，然而要发现永恒更新如波浪涌动的人民灵魂背后（dieses ewig neuen Wellenschlags）的规则，却永远不会实现。现在，人们首次将那长久以来感觉到的伟大个体的力量和意志显现理解为，个体人的卑微渺小；现在，人们认识到，在意志的领域里，那些真正伟大和持续醒目的，不能将它的根须深扎于那短暂而又无力的意志的单个形象（Einzelgestalt）之中；[1] 现在，人们最终感受到了那伟大的民众直觉（Masseninstinkte），认为这种无意识的人民冲动（Völkertriebe）才是那所谓的世界历史的真正撬动者和搬运者。但是，这新闪耀起来的火焰也投射出了它的阴影：这阴影就是上文所提到的迷信，这迷信让人民诗歌和个体诗歌对立起来，此外，它还以一种可疑的方式，将人民灵魂这个还没有弄明白的概念，发展成了人民精神（Volksgeiste）这个概念。通过对一种具有诱惑力的，依据类比而得出的结论的滥用，人们做到了，把伟大的个体原理，运用到理智的王国以及艺术观点的王国，然而，那伟大的个体原理却只有在意志的王国中才拥有它自己的价值。那丑陋而又没有智慧的庸众，从来没有被如此恭维，就像现在人们将天才的花环，加冕到他们那光秃秃的头顶上一样。人们大概会设想，就像不断有新的表皮附着于一个小小的核心周围一样，庸众诗歌（Massendichtungen）也如同雪崩一般，会滋源于传统的进程，传统的河流。人们倾向于将那小核心尽可能小的设想，这样他们就可以附带地忽视掉

---

1　这里指人们确信，不能从个体形象中，找到真正伟大和持续醒目的东西。

它，而不会遗失掉庸众整体中的任何一个部分。这种观点就是把传统本身（Überlieferung）与传递着的东西（Überliefertes）等同了。

但是，现在事实上并不存在一种人民诗歌与个体诗歌之间的对立：相反，所有的诗歌，当然也包括人民诗歌，都需要一个能起媒介作用的个体。那么，这个最多被滥用的对立仅仅只有一层意思，即，人们将个体诗歌理解为不是从大众感受的基础之上成长出来的诗歌，而是能追溯到一个非民间的创造者的诗歌，并且，它在非民间的氛围中，例如，在学者的书斋中，被生产了出来。

假定一个能写诗的大众，这样一种迷信是与另一种迷信关联在一起的：人民诗歌应该被限定在一个给定的时间段里的民众身上，过了这个时间段，它就会消亡 —— 这当然是那第一种迷信所应有的结果。在人民诗歌日渐消亡的地方，艺术诗歌就开始上场表演了，艺术诗歌即个体的创作，而不再是整个民众的创作。但是，那些曾经活跃过的力量，现在依旧活跃；而那些力量所显现出的形式，也依旧是原样留存。属于某个文学时代的伟大诗人仍然是人民诗人，决不会比某个非文学时代的历史久远的人民诗人在某方面有所欠缺。在这两类诗人之间，唯一的区别不在于他们的诗歌产生的方式，而在于他们的诗歌的传播与扩散，简而言之，就是他们的诗歌的传统。也就是说，如果没有扣人心弦的文字的帮助，这上面提及的传统就会被遗弃于永远流动的河水之中，同时也会被暴露在危险中，它会吸收陌生的元素以及一些个体的残留物，而这些陌生元素和个体残留物却是传统在口头传播中所留下来的。

要是我们将所有的这些原理都运用到荷马史诗上，就会得

出，我们依据诗化的人民灵魂（der dichtenden Volksseele）的
理论是获取不到任何东西的，我们无论如何都将会向诗意的个
体求助。于是就产生了这样一个任务，去理解个体，并且要将
个体的创造与那些某种程度上来说，在头口传播的传统中被积
淀下来的东西，全然区分，然而，那传播积淀下来的东西却是
荷马史诗非常重要的组成部分。

　　自从文学史停止了以后，一个索引簿就出现了或者就被允
许出现了，人们尝试着，将众多的诗人个体捕捉并定义起来。
这种方法带来了一种确凿的机械主义：应该阐释一下，应该从
基础上推导一下，为什么这位诗人或者那位诗人以这样的方式
而不是其他的方式出现？现在人们利用起了传记材料，生活环
境，交际圈和同时代的重大事件，并且相信，只要通过将这些
材料混合，就能酿制出想要的诗人个性。遗憾的是，人们忘记
了，那不可定义的个体的特性，就像不断移动的圈点一样，人
们无法从其身上获得一个结果。对诗人的生平确知的越少，机
械主义对该诗人的适用性也就越小。但是，如果人们只拥有作
品和作者的名字，那么，想求证作者的个性就是很糟糕的事，
至少对那些上述机械主义的爱好者而言就更是如此的；如果这
作品完美无瑕，如果这作品是人民诗歌，那情况就显得更加糟
糕了。因为，如果某位机械师能够从这作品中理解到个体的特
性，那这就是对人民天赋的背离，是不健康的发展和扭曲了的
路线：因此，一部诗歌越少有赘生物之类的病症，那么，创作
它的诗人的个人标签就会越苍白无效。

　　所有那些人们相信能从荷马史诗中找到的赘生物病症，苍
白的或者过度的东西，都不过是人们早已加给那不幸的传统
的。那么，现在能称得上是荷马的个人特征的还剩下什么？就

只剩下那依据主观口味挑选出来的特别美妙和卓越的诗句段落。美学上特殊性，即个体能被识别出来的艺术能力，它的人形化身现在被称为是荷马。

这是所有荷马谬误的核心焦点。也就是说，荷马这个名字从一开始，就即不必然与一个美学上完满无瑕的概念有关，也不必然与《伊利亚特》和《奥德赛》有关。荷马作为《伊利亚特》和《奥德赛》的作者不是一种历史流传下的记录，而是一个美学判断。

那条将我们带往庇西特拉图时期之前的唯一道路，它使我们进一步理解了荷马这个名字的意义，一方面，这条道路会通往那流行于荷马家乡的传言，从传言中我们可以明确得知，英雄史诗总是会被等同于荷马，与荷马这个名字相连；荷马决不会从另一种意义上更多地被看成是《伊利亚特》和《奥德赛》的作者，而非《泰拜伊斯》(*Thebais*)[1] 或者其他某部与特洛伊战争有关的史诗 (eines andern zyklischen Epos[2]) 的作者。另一方面，关于荷马与赫西俄德的竞赛的古老传闻也明确指出，人们从这两个名字推导出的是两种史诗方向，英雄史诗和教诲史诗；因此，荷马的意义在于史诗的题材，而不在史诗的形式。那杜撰出来的与赫西俄德的竞赛，还未曾显现出一种对荷马这个独特个体的朦胧预感。但是，从庇西特拉图时期开始，随着

---

1　Thebais，是关于希腊泰邦城 (Theben) 的传说中，最多被文学加工过的一部分。它的作者被认为是荷马或者是来自忒鄂斯城的安马可科斯 (Antimachos von Teos)。

2　zyklischen Epos 指的是一系列在题材上相关连的史诗。尼采在这里指得应该是属于 Epischer Zyklus 的史诗。Epischer Zyklus 是一个古典学的概念，一般指除了《伊利亚特》和《奥德赛》之外，以特洛伊战争为题材的古希腊史诗。

希腊人的美感令人吃惊的快速发展，那些史诗之间不同的美学价值就越来越被人们更加清楚地发觉到：于是，《伊利亚特》和《奥德赛》就浮出了洪水般史诗的水面，并且，自此以后，一直停留在水面之上。伴随着这种美学的淘汰程序，荷马这个概念就变得越来越窄了：荷马，作为英雄史诗之父这样远古的题材含义，演变成了荷马，作为广泛的诗歌艺术之父，作为了不可超越的样板，这样的美学含义。一种理性的批评站到这一演变的一边，它把荷马那个神奇的人，解释成为一个可能的诗人；它使得那诸多史诗中材料或形式上的矛盾，与诗人自身的统一性相对立；它逐步清除掉了荷马肩上那原本重甸甸的，与特洛伊战争相关的其他史诗（zyklischer Epen）。

于是，荷马作为《伊利亚特》和《奥德赛》的作者就是一个美学判断。然而，针对上述史诗的作者，我们决不是想表达说，他只是一个幻象，事实上是一种美学的不可能：极少数的语文学家或许怀有这样的观点。不如这样说，绝大多数的语文学家断言，对一部诗歌而言，比如说《伊利亚特》，应该有一位个体诗人来完成起草工作，对《伊利亚特》来说就是荷马。就这句话的前一个论断而言，人们必须承认，但是第二个论断，我就必须依据之前所讲过的要予以否认了。同时我还怀疑，是否这绝大多数的语文学家，之所以赞同那前一个论断，是因为出于对后面的论断的考量。

这种诗史的设计蓝图（Plan），例如《伊利亚特》的设计蓝图，不是一个整体，也不是一个有机体，而是一条串联起来的链子（eine Auffädelung），是依据美学规则行事从而投射出来的一个产品。衡量一位艺术家伟大与否的标准在于，看他能在多大程度上用总体性的眼光（Gesamtblick）概览全局，同

时又能用韵律将其刻画表达出来。一部荷马史诗在影像与场面
上无穷无尽的富有，这使得总体性的概览成为几乎不太可能。
但是，在无法艺术性的概览的地方，艺术家就习惯性的将概念
挨着概念堆积排列起来，并且，他们还会依照一个抽像的模
式，臆造出一个秩序来。

　　那负责布置秩序的艺术家，越能自觉地对美学的基本规则
进行操控，他的臆造就越能被完美地实现：于是，艺术家自己
也会为这样的幻觉而激动，仿佛那在强有力的瞬间中的整体
（das Ganze in einem kräftigen Augenblicke）作为直观的整体
（anschauliches Ganze）浮现在了他的面前。

　　《伊利亚特》不是一个花叶相间的花环（Kranz），但却是
一个纯粹的点缀满了花朵的花环（Blumengewinde）。它在一
个框架中被插入了尽可能多的影像场面，但是编撰者却不考
虑，那被并置到一起的影像场面的阵容是否讨人喜欢，是否韵
律美妙。也就是说，编撰者清楚，没有人会关心整体，人们
只会关心细节。作为一种尚且未有更多发展的，尚且没有更多
理解领悟的艺术鉴赏力的，通常的声明，即，那条串珠链子式
的《伊利亚特》的设计蓝图（Jene Auffädelung），它不可能是
真正的荷马的行为，不可能是荷马所做出的划时代的事件。所
以，毋宁说，这个设计蓝图是最新的产品，远新于荷马的盛
名。因此，那些"寻找原初的完美的设计蓝图"的人，不过是
在寻找一种幻象；因为，蓝图式的计划性开始出现之时，正是
那口头传播的传统的险途结束之日；那口头传播传统的道路最
终毁坏，并没有影响到蓝图设计，因为，流传下来的诸多材料
中本来就没有包含它。

　　但是，一个蓝图的相对不完美性并不能绝对有效的拿来佐

证，蓝图设计者的身上表现出了与真实作者不同的性情。可以肯定的是，在那些时代里，那被通过更加自觉的美学洞见所创造出来的作品，都可以无限地向着那些以直觉力量为源泉的吟唱歌曲推导回去。我们还可以更远地迈出一步。要是我们将那些所谓的伟大的描写特洛伊战争的诗歌（zyklischen Dichtungen）[1] 拿过来做对比，就会发现，对于《伊利亚特》和《奥德赛》的蓝图设计者来说，其无可争议的贡献在于，用一种自觉的编纂技术，完成了相对伟大的工作；然而，我们从一开始却倾向于，把贡献认可到这样的人的身上，他被我们认为是最早在直觉领域里进行创作的人。甚至，或许我们还将从这样的关连中迎来一个意味深远的暗示。所有那些在总体上被极其主观地评价为是显著的衰弱和损坏的东西，出于习惯，我们会将其看作是传统时代的僵化遗留物——但是，难道这不会仅仅是一种必须之恶，是天才诗人在怀着卓越的企图，在进行几乎前无古人后无来者式的艰难的整体构思时，所必须要做出的牺牲么？

这样我们就会发现，那对直觉与自觉两种截然不同风格的作坊的看法，转变了荷马问题的发问方式：在我看看，这将荷马问题带到了光亮之处。

我们相信《伊利亚特》和《奥德赛》有一位伟大的作者——当然，不是相信荷马就是这位作者。

这种针对荷马问题的决断其实早就已经存在了。在那诸多的荷马故事被虚构出来的时代，在那关于荷马与赫西俄德竞赛的传说被创造出来的时代，在那所有与特洛伊战争有关的诗歌

---

1　这里指除《伊利亚特》和《奥德赛》之外以特洛伊战争为题材的古希腊史诗。

都被认为是荷马的作品的时代，当某种东西冠以荷马之名时，我们感觉不出任何一个美学上的独特性，相反只有感觉出一种题材上的独特性。对那个时代而言，荷马属于这样的艺术家姓名所组成的行列，例如俄尔普斯、[1] 欧摩尔波斯、[2] 代达罗斯[3] 以及奥林匹斯（Olympus）等；也就是说，他属于传说中的一个新的艺术路线的发现者的行列，因此，所有后来从这条新的艺术道路上成长出来的果实，都得源于感激而奉献于他。

更准确地讲，那位最为神奇的天才，那位我们把《伊利亚特》和《奥德赛》归功于其身上的天才，同时也应属于那感激涕零的后代；那位天才在英雄史诗原始之父这样的祭坛上，献出了自己的名字：荷马。

直到现在，通过与所有的细节严格地保持一定的距离，我已经打算好，要为诸位尊敬的出席者，解释说明一下，荷马人格问题的哲学与美学的基本特征：需要注意这里有一个前提条件，即，那不断的向远处蔓延出分枝并且在深入分裂开来的山脉，这山脉被称为是荷马问题而众所周知，它的基本结构唯有从一个尽可能高远的地方，才能被最清晰明白地呈现出来。但是，同时我又设想，那些古代之友，那些喜欢指责我们语文学家缺少对伟大概念的激情，以及指责我们语文学家有一种非产生性的从事批评毁坏的乐趣的古代之友；对他们我想大

---

1　俄尔普斯（Orpheus），是古希腊神话中的诗人和歌手。据说是阿波罗与缪斯女神中的卡尔俄佩（Kalliope）所生。

2　欧摩尔波斯（Eumolpus），在古希腊神话中是一位移居艾留西斯（Eleusis）的色雷斯国王，是波塞冬和喀俄涅（Chione）的儿子，同时也以战士、得墨忒耳神庙祭司以及歌手的身份而闻名。

3　代达罗斯（Dädalus，Daidalos），古希腊神话中的形象，是位出色的发明家、工匠、艺术家。

声告知两个事实（Tatsachen）。第一个事实，也就是说是那些伟大的概念，比如，在沃尔夫之前的时代里，那神奇的唯一且不可分割的天才诗人荷马这样的概念，这样的概念实际上只是过于伟大，并且自那时起，它的内部也十分得空荡，当人们粗鲁地想去理解把握它时，它又是那么易碎；当古典语文学家现在再次回到这样的概念时，表面上看来它还是旧时的酒囊（Schläuche），<sup>1</sup>但事实上，所有的东西都变成新的了，囊袋和精神，酒和词语。人们四处都能察觉到，语文学家已经几乎与诗人、思想家以及艺术家们共同生活了近一个世纪。因此，那曾经被称为是古典的废墟堆，现在竟然变成了繁茂而多产的田园。

我还想对着那些古代之友，对着那些因为不满而疏远背离古典语文学的古代之友，大声地告知第二个事实。没错，你们在文字上以及图画上，崇拜着那希腊精神的不朽杰作，并且臆想着，你们比那些看不到这杰作的时代的人们远远得富有和幸福：但是不要忘记，这整个神奇世界曾经已被如山一样高的偏见所埋葬；不要忘记，为了让这个世界从它的沉沦中升起，无数个我们的科学信徒已必不可少的付出了血汗以及艰辛的脑力劳动。没错，语文学家们不是那个世界的创造者，不是那不朽音乐的作曲者；但是，作为一名演奏家，能让那曾经的音乐，那长久在角落里无人译解、无人评价的音乐，再次响起来，这难道不是一件功德无量的事情吗？在沃尔夫那大胆的精神成果出现之前，究竟谁才是荷马？一个不错的长者，他在好的情况下被誉为是天才，然而无论如何他也是野蛮时代的孩子，

---

1　Schlauch，有不同的种类和形状，水管，车内胎都可称为是 Schlauch。在以前，
　　德国把随身携带的酒囊也称为是 Schlauch。

全然违背好的趣味和好的习惯。让我们且听听一位杰出学者在1783年关于荷马所写的一段话吧："那位亲爱的人在哪里逗留？为什么他如此长时间隐名埋名？顺便问一下（*A propos*），您能否记得，为我取得他的一个剪影？"[1]

我们索求感谢，完全不以我们的名义，因为我们是众多的原子——但是，在语文学家的名义之下的我们，既不是一位缪斯，[2] 也不是那美惠女神（Grazie）[3] 中的一位，却是一位神的信使；就像缪斯女神降临到那些阴沉而又劳苦的波奥蒂亚农民（böotischen Bauern）[4] 面前一样，语文学家也会降临到一个色调和图像极其阴森的世界，降临到一个伤痛得最深且不可治愈的世界，并且他们会叙说，那些美好且明朗的神的形象，给他人以慰藉，那些神来自于一块遥远，蓝色并且欢乐的神奇国土。

已经说了这么多。可是我还是需要再就纯私人的举止谈上几句。这个演讲的场合赋予我有继续谈话的权利。

然而，一位语文学家的得体之处在于，他能将他所致力的目标和那通往目标的道路尽量挤压进，一个信仰自白式的简短程式之中；那么，不如就这样做吧，只需要让我把塞内卡[5] 的

---

1 这句话出自 Andreas Heinrich Schott 的 *Über das Studium des Homers in niederen und höheren Schulen*（莱比锡，1783）一书的前言。引文最后一句话应该是 Wissen Sie mir nicht eine Silhouette von ihm zu bekommen？而不是施莱希塔尼采全集中的 Wissen Sie nur nicht eine Silhouette von ihm zu bekommen？

2 缪斯，古希腊神话中的缪斯九女神，现在也指能激发和鼓舞他人的创造力的人。

3 美惠三女神（Grazien，Gratiae），古希腊神话中三位恩典女神，也代表真善美。

4 波奥蒂亚（Böotien）是希腊的一个州。波奥蒂亚的或波奥蒂亚式的（Böotisch）在古希腊意味着乡村式的粗野和没有教养。希腊人常常会称波奥蒂亚人为没教养的猪或者乡村式粗野的猪。

5 塞内卡（Lucius Annaeus Seneca），生活于公元1世纪罗马帝国时期的哲学家、政治家。

一句话做个颠倒：

"曾经是语文学的，现在变成了哲学。"[1]

借此，我想表达的是，每一种语文学活动都应该被一种哲学世界观所环绕和限制，在其中，任何单独的或个别的东西，都应被视是应该受到谴责的，而让其蒸发消失掉；留存下来的唯有整体和统一。现在，敬请诸位期待，我将秉承这一方向，不再作为一位异乡人，而彻底地融入诸位之中；敬请诸位给予我信任，我有能力秉承着这样的思想，与诸位协力工作；而尤其是对于联邦相关的权威当局（die hohen Behörden dieses Gemeinwesens）[2] 表现出来的对我的巨大信任，我相信我有能力以一种相称的方式来予以回报。

---

1　Philosophia facta est quae philologia fuit. 这句话出自塞内卡写给卢基里乌斯（Lucilius）的信。原话为：Itaque quae philosophia fuit, facta philologia est。意思是，因此，那曾经是哲学的，现在变成了语文学。塞内卡通过这句是想批评当时的哲学教育虽然重视雄辩，但已不再对生活的目标进行引导，哲学变成了一种学术体系，不再关心个体的人格的发展。这个脚注的翻译，得益于慕尼黑大学 Elmar Treptow 教授的帮助。

2　这里指决定授予尼采教授席位的瑞士的最高权威当局。

# 关于《荷马与古典语文学》的思想导纲 [1]

## 1

人们对于大学里的语文学教师有了极为罕见的要求：他们应该是严格的科学工作者，同时还应是艺术家；他们应该培育教育者和科学的门徒。在语文学的家庭财产（Hausrath）当中，他们是古典热情（Alterthumsbegeisterung）的传承者和严肃的续脉工作者（Fortarbeiter）。

## 2

科学的历史研究，科学的语言研究：大学语文学的目的。需要留意古典世界作为一个典范世界：古典教育的目的。

## 3

剖析"古典教育"这个概念——：不是一种为更多的民众服务的教育，——不是为未成熟和无经验的人（高中生）服务的教育。语文学家们是否更易于去从事古典教育而不是其他？如果缺乏古典教育，那么语文学活动是否就会被厌烦和被损害？

## 4

古典教育不是我们高中的一个成果，也不是大学的一个成果。但是高中却就此提供了准备，让个体有能力去发现这条道

---

1　该文译自 MusA 版尼采全集第二卷，第 26—30 页。

路。大学让它与科学关联了起来：但这种"教育"是天赋，它并不能够被传授。一种科学是可以通过课程培训而被促进的，或者通过技术把柄（technischen Handgriffe）的沿袭，或者通过质料上的传承。

### 5

在高中必须被教授的不是古代风俗，而是科学思考的方式。

### 6

依据许多先决条件来构建对于古典时代的热情是一种错误的观念。想要从高中生那里发现对于深沉的作者的理解是错幻的。

### 7

人们不应该给青少年灌输基本的观点：因为他们的成长会由此而被阻碍。

### 8

想要从高中生那里获得古典教育，意味着想要在二月份里收获葡萄。

### 9

古代人的审美品位教育：在此之前是审美品位的青春期，因此当这种教育较早出现的时候，就出现了一种发育上的停止（Verkümmerung）。[1] 为了能够再次享用荷马，人们必须要把自己从那条野蛮的河流当中拯救出来，于是他们寄希望于那些最

---

1 指审美品位青春期的停止。

为美妙的田园诗。

## 10

古典时代理应得到的决不是，将它的质料（*Stoffe*）呈现于所有时代之前；但是它理应得到的无疑是将它的形式（*Form*）呈现于所有时代之前。对于这种形式的天赋是罕见的，并且这种天赋只会出现在成年人的身上。

## 11

享用乐趣（der Genuss），古典时代的这种美学生产（Ausbeute）并不会通过一种对于古代的十分全面的认知而有所提升，相反极有可能会被削弱：人们必定不会想去太过接近地观察一幅画。

## 12

从语文学家身上期待那种对于古典时代最为彻底的乐趣，即意味着从自然研究者身上期待最为彻底的自然情感，从解剖学家身上期待对于人之优美的最为细腻的情感。

而复制再现（Reproduction）却以一种创造性的热情为先决条件。[1]

## 13

对一位作家进行语文学诠释决非目的，相反它始终只是手段。它需要考虑到的是各个方面的材料搜集。但是，当人们在细节里与一位作家打交道时，这并不意味着人们更好地理解了

---

1 指"语文学对于古典的复制再现"以创造性的热情为先决条件。

这位作家。

## 14

出于历史目的，反复细读古典的诗作与文稿是必要的：它需要凭借一种语言的历史或文物的历史，来创造材料。这里就有了文本批评的合法性，这种由美学观点构成的合法性是出自于驳斥（verwerflich）的。

## 15

推测的批判（Conjecturalkritik）是一种活动，就像它在猜谜语那儿被运用到一样。

## 16

在那微小的生产力（推测）之上的欢悦：那健全的判断，那对其他可能性的权衡：一个之于（zur）公正性的特征，一个之于自我评价的特征。

## 17

特殊的是一个由不同的眼睛同时观察着的文本，而与这些不同眼睛附联在一起的是所有可能的兴致。

## 18

在过强的主观性的感触那里，有时候会爆发出一种流行病：人们痉挛性地寻求着牢靠的支撑，例如向结构上的诸多构造寻求支撑等等，从那将古老的手稿作为绝对标准的过高估价中寻求支撑等等。

## 19

语文学家依然还在阅读词语，而我们现代人却依然只阅读思想。

## 20

谁对语言感兴趣，谁就是一位另类者，他与那些把语言视为传达有趣思想媒介的人截然不同。

## 21

语言是最为日常的：与它交往密切的人，必定是一位哲学家。

## 22

科学的实质是，去观察距离它自己最近和最为日常的东西：但是如果我们想要去理解这当下的，最为日常的东西，我们就需要成为历史学家。

## 23

然而，如果我们以历史的方式对待古代，我们就会在一定程度上贬低它：我们失去了那种教育。[1]

一般来说，我们语文学家会倾向于确定古典时代，去信任所规定的细节，为的是去感受那种对于古典时代的深切渴望，以及去体会那古典时代的全部美妙。

---

1 尼采认为，用一种历史学家的眼光去看待古典，无助于古典教育在当下的兴盛。

## 24

错幻的是，语文学正在走向终结或者它正在消退当中，这因为那种对于古代的热情被迫让位给了一个历史的见解。

## 25

古典时代只会以最深层的形式感对艺术的天性施加影响。

## 26

语文学家的许多读物：这里充溢着原创思想的贫困。

## 27

语文学所有的伟大进展都建立在一个创造性的洞察力之上。

# 关于荷马与赫西俄德的弗洛伦萨论文，他们的谱系与他们的竞赛 [1]

（第 I—II 节刊发于 *Rheinisches Museum für Philologie* 第 25 卷，1870 年，528—540 页；第 III—V 节刊发于同名刊物第 28 卷，1873 年，211—249 页。）

译者按："荷马与赫西俄德的竞赛"是古希腊遗留下来的一份佚名残篇。尼采在莱比锡大学求学时就曾经对之进行过校勘，1870 年尼采写了《关于荷马与赫西俄德的弗洛伦萨论文》第 1 部分以及第 2 部分；1872—1873 年又续写了第 3 至第 5 部分。在实证主义语文学家眼中，尼采的这篇文章是他对古典学做出的最大贡献。其重要意义甚至超过了同时期的名著《悲剧的诞生》。在这篇文章中，尼采不仅论证了"荷马与赫西俄德的竞赛"这份佚名文章源于

---

1　该文译自 MusA 版尼采全集第二卷，第 149—218 页。全文有五节，前两节发表于 1870 年，后三节发表于 1873 年。前两节尼采主要运用了文献考证的方法，来重构"荷马与赫西俄德"竞赛的原初形式，并试图论证这场竞赛可能源自阿尔西达马斯修辞学教学残片的合理性。后三节则采用了史料考据的方法，进一步考察了阿尔西达马斯与这场竞赛的关系，以及这个竞赛文本在阿尔西达马斯之后的流传过程。文中所有脚注为译者所加。本文前两节刊于《外国美学》第 25 辑，后三节刊于《外国美学》第 26 辑。

阿尔西达马斯修辞学教学残篇的可能性，还极其严谨地推测出了赫西俄德死亡的原因，时间，地点，最大限度地还原了当时的谋杀场景。迄今依然对古典学研究有着重要的影响。

## 一　竞赛的形式

当过去的文法学家依据着普鲁塔克[1]在《会语集录》[2]第 5 卷第 2 节中给出的证据，来潜心研究荷马与赫西俄德的竞赛，直至深感厌倦之时，他们的研究热情依然从未放在这场竞赛的形式之上，相反却每次只是追问这场竞赛是否真实存在。在此当然也存在这样的可能性，即诗人和自由创造的智者们也曾经针对这场竞赛的形式散播过各式各样的想象，他们总是会把歌者战争的场景做出新的变换，将场面直观化。这种情况应该是可能的：但是所有可收集到的证据表明，这种情况并未发生，相反只有一种竞赛形式为人们所熟知，这种竞赛形式，以及对它的审慎的描绘，我们可以在弗洛伦萨论文《关于荷马与赫西俄德：他们的谱系与他们的竞赛》( περί Ὁμήρου καὶ Ἡσιόδου καὶ τοῦ γένους καὶ ἀγοῶνος ἀύτῶν ) 一文中找到。因而就此原本是绝对不应该再说些什么了，因为对这种竞赛形式的描绘已然十分完整：相反，应该指明的是，在这份竞赛里的简短叙事中是包含有缺陷的。当然我在这里提到的缺陷，意思并不是说一份

---

1　普鲁塔克（古希腊：Πλούταρχος，德：Plutarch），生活于古罗马时期的希腊作家，代表作有《希腊罗马名人传》。

2　《会语集录》(*Symposiaca*)，学界亦称其为《道德小品》(拉丁：*Moralia*)，全书由普鲁塔克所写的杂文组成，分为九卷。普鲁塔克关于荷马与赫西俄德竞赛的言论出自于该书第五卷，第二节。

不完美的历史流传下来的文献，而是说一种摘抄的痕迹，出自对这里或那里进行剪裁的专横之手。

在这场竞赛的结尾，荷马与赫西俄德被要求，吟诵他们自己的诗歌中最好的部分。令人意外的是，当时有 10 行诗句从《工作与时日》里被当作最好的（τὸ κάλλιστον）挑选了出来，而有 14 行诗从《伊利亚特》里挑选了出来。一位史诗诗人从数千行诗句中选出 10 行或者 14 行诗来吟诵，接着就陷入沉默不再歌唱，这是多么的不可思议，它与古代的风俗和思维方式很矛盾，依据叙事诗朗诵者们的说法，他们之间是互相争斗的，虚荣的叙事诗朗诵者，无疑是没有对他们自身的缺点如此紧张地思考过的。那么，究竟是什么让这 10 行或者 14 行诗从它们的文本环境即那上千行诗句里突显出来呢？为一种挑剔品味而选择出的少量诗行的优势会在哪里？没错，我们听说过，这场竞赛之后的裁决是什么样子的，[1] 不是形式，不是审美上的独特性，而是题材，这对于天真的裁决而言是再自然不过的事情。极英明（"Allweis"）的国王帕尼得斯，[2] 他的判决很著名地流传于后世，他以农耕与和平时期为理由来给吟唱诗人加冕，并因而对古希腊文化里的英雄精神犯了罪，古希腊精神会把这种犯罪的思想看作是某种可鄙的东西而大加斥责。既然这里的关键全然是对题材的审美品位，是对内容的分享，而不是形

---

[1] 竞赛之后的裁决是指，荷马虽然在与赫西俄德的诗艺竞赛中，凭借高超的技艺征服了在场的希腊人。但是，国王却出乎意料之外的将桂冠判给了赫西俄德。原因是，荷马歌颂英雄和战争，而赫西俄德却歌颂农作与和平，并试图用诗句教化民众，对城邦而言更为有益。

[2] 帕尼得斯（Paneides），哈尔基斯（希腊：Χαλκίς，德：Chalkida）的国王，荷马与赫西俄德竞赛中的裁判者。

式，那么一种对 10 行或 14 行诗句的挑选就会是莫名其妙的，或者说是荒唐的。人们必须敢于冒险才能恰好产生这样的结局，一位摘录者在这里或许竟用他的手玩起了游戏 —— 即使这里没有给出应有的确切证据，就如同我们从一份赫西俄德的生平（Βίος Ησιὸδου）里获取不了确切证据一样。依照瓦伦蒂尼·罗斯[1]的《亚里士多德伪书》（*Arist. Pseudepigr.*）[2]509—511 页的说法，是约翰·采策斯，[3]而不是普罗克洛斯，[4]记述了这次胜利的过程，其记述详见如下，出自 Westerm[5] 第 47 页：

　　最后国王帕尼得斯要求他们，从自己的诗歌里挑选出最好的诗句来吟唱，荷马挑选出了下列诗行开始吟唱，省略了之前的许多诗句。（τέλος τοῦ βασιλέως Πανίδου εἰπόντος αὐτοῖς, τὰ κάλλιστα τῶν ἑαυτῶν ἐπῶν ἀναλεξαμένους εἰπεῖν, Ὅμηρος μὲν ἄρχεται λέγειν τοῦτο τὸ χωρίον ἀπὸ πολλῶν ἐπῶν ἀρξάμενος ὄπισθεν. ）

---

1　瓦伦蒂尼·罗斯（Valentin Rose，1829—1916），德国古典语文学家。以整理亚里士多德的残稿著名。

2　《亚里士多德伪书》（*Aristoteles pseudepigraphus*），由古典学家瓦伦蒂尼·罗斯编纂，收寻几乎所有来源值得怀疑的亚里士多德的遗稿。1863 年由莱比锡（Lipsiae）的 B.G. Teubneri 出版。

3　约翰·采策斯（Johannes Tzetzes，1110—1180），拜占庭帝国的文法学家。曾编纂过许多古希腊的文献及古希腊人物志，其中包括赫西俄德生平。

4　这里指古典语文学家普罗克洛斯（Eutychius Proclus），他曾是罗马皇帝马可·奥勒留（Marcus Aurelius）的教师。

5　Westermann 的缩写。Anton Westermann 在 1845 年曾出版过采策斯的一个名为《传记》（*Biographoi*）的集子，赫西俄德的生平收录在这个集子里。安东·威斯特曼（Anton Westermann，1806—1869），德国古典学家。曾任教于莱比锡大学。

盾牌挨着盾牌，头盔挨着头盔，人挨着人，

只要人们一点头，带着缨饰的马鬃头盔便会响亮得碰到一起，

他们相互之间站的如此紧密。

（ἀσπὶς ἄρ' ἀσπίδ' ἔρειδε, κόρυς κόρυν, ἀνέρα δ' ἀνήρ,

ψαῦον δ' ἱππόκομοι κόρυθες λαμπροῖσι φάλοισι

νευόντων· ὣς πυκνοὶ ἐφέστασαν ἀλλήλοισι,）[1]

（荷马）从那里更往前（继续吟唱）。但是赫西俄德却从

阿忒拉斯的七个女儿在天空中出现[2]

一句开始吟唱，并且像荷马一样，他也继续（吟唱）了许多诗句。

（καὶ περαιτέρω τούτων. Ἡσίοδος δὲ τῶν

Πληϊάδων Ἀτλαγγενέων ἐπιτελλομενάων

ἀπάρχεται καὶ ὁμοίως Ὁμήρωι προβαίνει μέχρι πολλοῦ τῶν

ἐπῶν.）[3]

这就立即表明了，采策斯与弗洛伦萨论文的编纂者都使用了一种相同的模板，但是采策斯在这种情况下对于原版的维护要比弗洛伦萨论文的编纂者更为谨慎。依据采策斯的原版，荷马是从《伊利亚特》第13卷更前面的诗行（向后，ὄπισθεν，

---

1 荷马吟诵的这段诗出自《伊利亚特》第13卷，可参见《罗念生全集》第五卷，上海人民出版社，2007年，316页。

2 "普勒阿德斯——，阿忒拉斯的七个女儿在天空出现时，你要开始收割；他们即将消失时，你要开始耕种。"。普勒阿德斯（pleiades），七姐妹星团。参见赫西俄德的《工作与时日》，张竹明、蒋平译，北京：商务印书馆，1991年，12页。赫西俄德在这段诗里表达了劝人劳作的意愿。

3 以上希腊语引文出自约翰·采策斯的《赫西俄德生平》。翻译参照了 Tzetzes, *Life of Hesiod*, *Living Poets*（Durham, 2014），https://livingpoets.dur.ac.uk/w/Draft:Tzetzes,_Life_of_Hesiod_v2。

Lobeck，Phrynich.11）开始吟唱的，这也就是说，远在第 131 行诗"盾牌挨着盾牌"等句（ἀσπὶς ἄρ' κτλ）之前。接下来才是现在的那三行诗，[1] 这三行诗在弗洛伦萨论文里也被引用过，即《伊利亚特》第 13 卷的 131—133 行；在此之后采策斯又增添了"并且从那里更往前继续"（καὶ περαιτέρω τούτων）一句。而赫西俄德，依据采策斯的来源，开始吟唱的诗句与弗洛伦萨论文里的相同，并且接着继续向前吟诵，"像荷马一样，直到（继续了）许多诗句"（ὁμοίως Ὁμήρωι μέχρι πολλοῦ τῶν ἐπῶν）。通过这样的表述，采策斯无疑不可能认为是仅仅接下来的九行诗；[2] 因为在采策斯的表述中有着一种对应性，这种对应性正是通过这句话"像荷马一样，直到（继续了）许多诗句"（ὁμοίως Ὁμήρωι μέχρι πολλοῦ τῶν ἐπῶν）得到保证的，当这 10 句赫西俄德的诗歌被许多诗句（πολλά ἔπη）所针对换置时，那么荷马应该会向后（ὄπισθεν）诵唱哪些诗行，与《伊利亚特》第 13 卷 131—133 行的三行诗句一起，更往前地继续去下呢（καὶ περαιτέρω τούτων）？ 显然，在现存的采策斯的竞赛（ἀγών）样式中，更多数量的诗句作为最好的荷马与赫西俄德的诗歌被强调了出来，这里，它的自我确定性要比弗洛伦萨论文中的描述更为自然，也更为可能。然而，在弗洛伦萨论文中缺少的并不是征象（Anzeichen），因为在它的基础上也有那种完满的形式，即我们从采策斯的文本里获悉到的形式，只是这种形式被摘录者的专横所裁剪成现存的形式了。也就是说，

---

1　三行诗即上文所出现的诗：盾牌挨着盾牌……他们相互间站的如此紧密。

2　指赫西俄德在竞赛中所挑选的 10 行诗，上文引用了 1 行，还余 9 行。采策斯的表述显然会给读者一种不止接下来的 9 行诗的感觉。

对第 13 卷诗歌 [1] 的诵唱突然地从 133 行跳到了 339 行，对此，
还不能够确定是否应该认为，是荷马自己出于赞美的需要，
为了从自己的诗作中选出最好的（τò κάλλιστον ἐκ τῶν ἰδίων
ποιημάτων），把这中间的部分给排除在外了。或许在这里这样
说更好，是摘录者自己为了逃避这样的劳苦，即避免把 126 至
344 行诗句整段抄写下来：如果可以的话，从采策斯的说法里
可以得出推论，即他已经把 126 行诗句之前的大量诗行给删除
了。这诗行的数量到底有多大，就只能从思考第 13 卷来获悉
了。我假设，从荷马诗歌中挑选出来的最好的部分，必定是可
以从整体中分解的，能够合理地被剥离的一部分。在此指的是
两位埃阿斯（Ajas）受到波塞冬的激励 [2] 以及随后的大屠杀场
面：这伟大的，暴风骤雨般的移动场景会依据讲述者的品味而
获得某种热情洋溢的美赞（Lob）。[3]（这样一种判断，[4] 如我们所
知，是属于修昔底德 [5] 时代的，而比如本恩哈迪 [6] 的解释就与之
相反，他认为第 13 卷中有过多的夸张，并没有一直去遵循恰
当的尺度（《文学史（Literaturgeschichte）》第二卷，第 166
页）；作为这种在演讲和句式上过度夸饰的例证被直接体现在

---

1　指《伊利亚特》第 13 卷。

2　两位埃阿斯指得是大埃阿斯与小埃阿斯。在《伊利亚特》第 13 卷中，这两位英雄
　　受到海神波塞冬的激励（13 卷第 43—58 行），奋勇抵抗特洛伊军队的进攻，挽救
　　了希腊联军的失败命运。

3　需要注意的是，这里的赞赏指得是叙述者依据自己的口味来诵唱诗歌，让诗歌有
　　了自己的色彩。

4　指的是上句：这伟大的，……热情洋溢的美赞。

5　修昔底德（古希腊：Θουκυδίδης，德：Thucydides），生活于公元前 5 世纪的古希
　　腊历史学家。

6　戈特弗雷德·本恩哈迪（Gottfried Bernhardy, 1880—1874），德国的语文学家。
　　早期尼采在研究古典语文学时曾受过他的影响。

了一段诗文之上（诗行：276—287），它可以从美赞的段落中被找到）。[1] 当然，还有一些其他的证据可以证明，摘录者在弗洛伦萨论文中，将应该引用的诗歌段落暴力地限定在极其少量的诗行之上，证据在这样的事实中，即最后的赫西俄德诗行被用一种笨拙的和专制的方式带到了间发性（Periodischen）的结局上。也就是说通过（以下这句话）：

当所有的时令果实到来时，脱掉衣服[2]去收获。

（γυμνόν τ' ἀμάαν ὅταν ὥρια πάντα πέλωνται. ）

然而，在《工作与时日》被摘引的段落上，整句话完全不是以这行诗结尾的，而是随后还有三行诗：

脱掉衣服去收获，如果你想在合适的时节

得到得墨忒耳女神[3]恩赐的所有果实的话（就必须这样做），

因为每种作物的成熟都有其特定时节，

这样你就不会在日后陷入贫乏，

缺少供养，而不得不到他人门前乞讨。

（γυμνὸν δ' ἀμάειν, εἴ χ' ὥρια πάντ' ἐθέλησθα

ἔργα κομίζεσθαι Δημήτερος, ὥς τοι ἕκαστα

ὥρι' ἀέξηται, μή πως τὰ μέταζε χατίζων

πτώσσῃς ἀλλοτρίους οἴκους καὶ μηδὲν ἀνύσσῃς. ）[4]

---

1　尼采以上都是在论证，被摘录者所遗漏的《伊利亚特》13 卷的诗行可能会有多少。

2　这里指的是脱掉上衣。

3　得墨忒耳（德：Demeter，希腊：Δήμητρα），古希腊神话中的大地神和丰收女神。

4　赫西俄德，《工作与时日》，392—395 行。

现在我们坚信，赫西俄德像荷马那样继续吟唱了许多诗行（ὁμοίως Ὁμήρωι μέχρι πολλοῦ τῶν ἐπῶν recitirt habe），因而，对此我们就有权力在大概第 300—400 行诗歌上去思索。这个决断会再次产生对赫西俄德吟唱原貌的沉思。如果赫西俄德从第 383 行开始吟唱，那么为了与荷马保持对应性，他就应该被允许，不止步于 683 行之前，而是极有可能一直到 783 行才结束吟唱。这或许意味着，赫西俄德事实上演唱了全部的《工作与时日》(Ἔργα καὶ ἡμέραι)，至少演唱了全部的农作与航海的准则。需要商榷的是，他是否也吟唱了从第 765 行开始的波奥蒂亚的负债书（das böotische Calendarium）。[1] 但很显然，在叙事的古老形式中，这些诗句[2]也并没有被完整的呈现出来，或许也很有可能是这位在竞赛中的讲述者[3]自己没有一次性的表达清楚，是否这些诗句也存在于被提及的《工作与时日》的章节里，而赫西俄德正是在这章节中详细地汇报了他在埃维亚岛上取得的胜利以及带把手的三足鼎：[4] 在现存的《工作与时日》里缺少埃维亚岛上竞争与胜利的情节，那么依据迄今为止存在的基础文本来推断《工作与时日》的一种更为古老的形式的存

---

1　在《工作与时日》中，从 765 行开始一直到 828 行结束都没有出现这个词。这段诗是劝诫人们要谨守宙斯所掌控的时日。在特定的日子里去做特定的事情。而"波奥蒂亚的"在希腊文化中是个贬义词，指某类人群的"野蛮粗俗和未开化"。赫西俄德在 765—828 行所描述的对时日的认知和分配，恰恰就是波奥蒂亚人所欠缺的文明，这也就是"波奥蒂亚的负债书"。

2　指赫西俄德在竞赛中吟唱的诗句。

3　这位竞赛中的讲述者指的是赫西俄德。

4　赫西俄德在《工作与时日》650—658 行中，讲述自己曾航海去过埃维亚岛，在岛上一个叫哈尔基斯（Chalkis）的城市里唱了一首赞歌，并获了奖。奖品是一只带有手把的三足鼎。

在，必定就是足够冒险的。当这段诗文 [1] 实际上被普罗克洛斯，接着甚至可能又被亚里山大城的批评家（die Alexandrinischen Kritiker）解释为是伪造之作时，那么这种观点的出现就一定不是基于一种古老传统的土壤，而是彻头彻尾与这一传统相矛盾的，当然，它主要出于这样一种意识，即赫西俄德与荷马的同时代（ἰσοχρονία）的不可能性；因为，只是由于人们将这在《工作与时日》当中相关的诗文与那著名的赫利孔三足鼎以及它的题词关联了起来，[2] 然后，又由于人们把这段诗文中的题词内容以及三足鼎的存在宣称为是不可能的，人们才断定了这些诗句的虚假性：而只有文法学家普罗克洛斯（威斯特曼，《传记（*Biogr*）》，第 26 页）通过对三足鼎警句的全然否决，渴望表达出一种对于赫西俄德诗歌的不同解释。

　　尽管有着上述的不完整性，弗洛伦萨论文里的叙事依然是最为详尽的。在其他地方被记载的这场竞赛（ἀγών）的形式的所有个别特征，在弗洛伦萨论文里都可以被再次找到。所以，借助着那唯一的本质例外，采策斯的叙述与弗洛伦萨论文里的叙述完全并行开展，在这里与那里都完全并行，除了在词语上的一致性以外；采策斯的叙述最为显著的地方在于，他对赫西俄德埃维亚岛上获得胜利之后的生平的叙述，以及对于其死于洛克里斯地区的叙述，在这个位置上，采策斯与弗洛伦萨论文这对名号，共同拥有着一种非常重要的名声上的败

---

1　指赫西俄德汇报自己在埃维亚岛（Euböa）上获得胜利并赢取三足鼎奖杯的诗文。

2　在《荷马与赫西俄德竞赛》一文中，赫西俄德在诗艺竞赛中获胜，并得到一只青铜三足鼎。他随后为这三足鼎题词，并献给赫利孔山的缪斯女神，因为是她们将他带上了诗歌之途。

坏。地米斯蒂厄斯[1]与菲洛斯特拉托[2]的暗示也并没有给出荷马与赫西俄德竞赛的风貌，在弗洛伦萨论文中这种风貌没有，确切的说是，没有被详尽地描绘复原出来——倘若我们不考虑那一个唯一的例外[3]时。也就是说，依据所给出来的证据，在弗洛伦萨论文中对于竞赛的结局的叙述是不完整的流传下来的，但无论如何可以同意的是，我们从上述的两位作者[4]那里可以对这场竞赛的形式有所认知。地米斯蒂厄斯在《第三十篇演说》(die XXX. Rede)[5]一书第348页，通过这样的话，"一方面是（荷马朗诵的）战争与战斗：两位埃阿斯的肩并肩作战以及其他这样的（战斗）"(ὁ μὲν γὰρ πολέμους καὶ μάχας καὶ συνασπισμὸν τοῖν Αἰάντοιν καὶ ἄλλα τοιαῦτα),[6] 强调出了完全相同的诗歌段落，并且通过接下来的话表明，赫西俄德不仅吟唱了真实的"工作"(ἔργα)，还吟唱了这首诗的结尾部分，"时日"(ἡμέραι)，"另一方面是（赫西俄德）大地上对工作和时日的赞美，在这些时日中工作变成了更为高尚的（事情）"(ὁ δὲ γῆς τε ὕμνησεν ἔργα καὶ ἡμέρας, ἐν αἷς τὰ ἔργα βελτίω

---

1 地米斯蒂厄斯（古希腊：Θεμίστιος，德：Themistius），古希腊演说家，哲学家。其思想受到柏拉图与亚里士多德的影响。他曾经指责荷马将宙斯视为众神与世人之父。地米斯蒂厄斯认为，这种说法就好像是在告诉人们，罗马皇帝不仅是罗马人（文明人）之"父"，还是斯基台人（Skythen，野蛮人）之"父"。

2 菲洛斯特拉托（古希腊：Φλάβιος Φιλόστρατος，德：Flavius Philostratus），生活于罗马时期的古希腊诡辩家。

3 这里所说的唯一的例外，指的是采策斯的叙述。

4 两位作者指的是地米斯蒂厄斯与菲洛斯特拉托。

5 地米斯蒂厄斯的演讲现存33篇，其中一部分是他在罗马皇帝与达官显贵面前的演讲，一部分是他在私人圈子内的演讲。

6 《伊利亚特》13卷主要讲述的就是两位埃阿斯与其他战士肩并肩战斗抵抗特洛伊军队的进攻。

γίνεται. )。菲洛斯特拉托在《英雄论》( *Heroica* )，[1]（Boisson[2]
编）一书第 194 页，也同样讲述了《伊利亚特》被吟唱的段
落，即关于两位埃阿斯的史诗，他们如何在横列阵线中紧密并
且强大坚固地连合在了一起（τὰ ἔπη τὰ περὶ τοῖν Αἰάντοιν καὶ
ὡς αἱ φάλαγγες αὐτοῖς ἀραρυῖαί τε καὶ καρτεραὶ ἦσαν），而关于
赫西俄德所吟唱的诗歌则是：与他自己的亲兄弟珀耳塞斯[3]有关
的事情，他激励珀耳塞斯去劳作，将自己献身于农耕，从而他
就不会缺少保障，也不会陷入饥饿（τὸν δὲ τὰ πρὸς τὸν ἀδελφὸν
τὸν ἑαυτοῦ Πέρσην ἐν οἷς αὐτὸν ἔργων τε ἐκέλευεν ἅπτεσθαι καὶ
γεωργία προσκεῖσθαι ὡς μὴ δέοιτο ἑτέρων μηδὲ πεινώη. )。这就清
楚地表明了，菲洛斯特拉托在他的展现模式中并不仅仅是发现
了像在弗洛伦萨论文里那样的诗歌段落，因为在弗洛伦萨论文
里最终的摘引目的全然不是这场竞赛中的演说。[4]

由此可见，我们在四处都能辨认出一种对于荷马与赫西
俄德竞赛的相同的展示。一个独特的诗歌诵唱位置是这样
的，即人们可以从这个位置出发来揣测并且推论出一种完全
不同的竞赛版本。这是在普鲁塔克的伪作《七位智者的宴会》
（*Convivium septem sapientium*）一书第七章中所通报的事情。
只要人们以这篇文稿的真实性为前提，人们就有资格断言，这

---

1 《英雄论》( *Über Heroen*，*Heroicus* )，菲洛斯特拉托所作。形式是一位腓尼基水手
　与一位葡萄酒商人的对话。

2 鲍伊森（Jean François Boissonade de Fontarabie，1774—1857），法国古典学者，
　《英雄论》（1806）一书的编者。

3 赫西俄德的兄弟珀耳塞斯与希腊神话中主掌毁灭的提坦神 Persês 同名。

4 在菲洛斯特拉托那里，竞赛时诗人吟唱的内容还是很重要的，而对弗洛伦萨论文
　的编纂者来说，竞赛中的演说内容并不重要，重要的是有过这么一场竞赛，以及
　竞赛的结果。

里是一篇原创性的竞赛文本，而不是上述那种基本样式的一种
纯粹翻版和歪曲；因为作为赫西俄德的诠释者普鲁塔克其实也
可以，在他凭借记忆讲述这则传说时，不会如此错误地描述这
场竞赛的事物关系，当这里应该采用那种基本样式[1]时，这场
竞赛的事物关系就理应被这样描述出来。如果普鲁塔克是这篇
文稿的撰稿人，那么他就是在展现这场竞赛时，完全自觉的选
择了一种异于惯常的描述：他无论如何知道两种平行并存的竞
赛版本。但是当这篇手稿的不真实性被证实的话，那么就又生
效了这样一种可能性，即这里也有着那样一种原始形式，当然
这种形式是处在一种极其萎缩的状态中，它也有着记忆上的偏
差以及跟弗洛伦萨论文相类似的失误。倘若我们小心地检测这
则通报，那么这种可能性就变成了一种相当肯定的可能，并且
会发现那关于第二种对等的版本的展示的又一次消失。

　　据说当时智者之中最为优秀的诗人们齐集哈尔基斯来
参加安菲达马斯[2]的葬礼。安菲达马斯曾经是一位英勇善战
的人并且曾经在许多场战斗中给埃雷特里亚人带去了很多麻
烦，他曾经参加过一场与埃雷特里亚人争夺利亚丁平原所有
权的战争。[3]然而诗人们的诗歌提供出来之后，却使得决定

1　指上文提到过的弗洛伦萨论文中的竞赛样式（在其他的记载里竞赛细节有变化，
　　但基本模式不变）。
2　安菲达马斯（古希腊：Ἀμφιδάμας；德：Amphidamas），这里指哈尔基斯城的安菲
　　达马斯，哈尔基斯城的贵族。赫西俄德曾在旅行中参加过他的葬礼，并参与了一
　　场诗艺竞赛。参见赫西俄德，《工作与时日》，654—656 行。
3　这里的战争指的是利兰丁战争（Lelantischer Krieg），是大约公元前 710 年到前
　　650 年之间发生在埃维亚岛上的两个希腊城邦之间的战争。交战双方是哈尔基斯
　　人和埃雷特里亚人。

成为了一件困难并且令人烦恼的事情，因为他们是如此的敌逢对手，而竞赛者中有着良好声望的选手，荷马与赫西俄德，更是为评判带来了许多选择上的困惑与为难，于是，如雷斯肯斯[1]所通告的，诗人（荷马）就使出了这样的问难：

（ Ἀκούομεν γὰρ ὅτι καὶ πρὸς τὰς Ἀμφιδάμαντος
ταφὰς ἐς Χαλκίδα τῶν τότε σοφῶν οἱ δοκιμώτατοι ποιηταὶ
συνῆλθον. ἦν δὲ ὁ Ἀμφιδάμας ἀνὴρ πολεμικὸς καὶ πολλὰ
πράγματα παρασχὼν Ἐρετριεῦσιν ἐν ταῖς περὶ Ληλάντου
μάχαις ἔπεσεν. ἐπεὶ δὲ τὰ παρεσκευασμένα τοῖς ποιηταῖς ἔπη
χαλεπὴν καὶ δύσκολον ἐποίει τὴν κρίσιν διὰ τὸ ἐφάμιλλον
ἥ τε δόξα τῶν ἀγωνιστῶν, Ὁμήρου καὶ Ἡσιόδου, πολλὴν
ἀπορίαν μετὰ αἰδοῦς τοῖς κρίνουσι παρεῖχε, ἐτράποντο πρὸς
τοιαύτας ἐρωτήσεις καὶ προυβαλ' ὁ μέν ὥς φησι Λέσχης. )

缪斯啊，请告诉我，那诸多事情中此前从未发生过
以后也不会发生的事情。

（ Μοῦσά μοι ἔννεπ' ἐκεῖνα, τὰ μήτ' ἐγένοντο πάροιθεν
μήτ' ἔσται μετόπισθεν. )

赫西俄德丝毫未经准备就回答道：

（ ἀπεκρίνατο δὲ Ἡσίοδος ἐκ τοῦ παρατυχόντος )

那么，每当宙斯四周战马飞奔蹄声哒哒地冲向他的坟墓
战车碰撞受到重压损毁，因为他们要争夺胜利。[2]

---

1　雷斯肯斯（古希腊：Λέσχης；英：Lesches），早期古希腊诗人，著有《小伊利亚特》（Little Iliad），与荷马史诗《伊利亚特》的内容相近，已经遗失。

2　赫西俄德的意思是指荷马在诗歌中所描述的战争场面此前没有发生过，此后也不会发生。这显然表露出了一种回答荷马质问时的机智。（这只限于《宴会》一文，尼采在下面对该文的描述有反驳论证）

（ἀλλ' ὅταν ἀμφὶ Διὸς τύμβῳ καναχήποδες ἵπποι

ἅρματα συντρίψωσιν ἐπειγόμενοι περὶ νίκης.）

据说，凭借这样的回答，赫西俄德获得了极大的钦佩并且赢取了三足鼎。

（καὶ διὰ τοῦτο λέγεται μάλιστα θαυμασθεὶς τοῦ τρίποδος τυχεῖν.）[1]

荷马（或者依据温尔克[2]的观点是裁判员雷斯肯斯）针对赫西俄德提出了一个棘手的问题：见缪斯等句（Μοῦσά χτλ）。这两行诗极其不恰当地表现出了当时的局势。只有出于一种记忆错误，缪斯才会在这里[3]得到邀请，一旦人们承认了弗洛伦萨论文中真实的事物关系和问题的意义，那么就会产生这样的结果，即在这里荷马与赫西俄德之间的角色被错误的互换了。也就是说是赫西俄德，缪斯赋予他能力，去吟唱过去与未来的事情，因此，赫西俄德这样说（依据哥特凌[4]在思想上的恰当改善版）：缪斯述说现在发生的、将来会发生的以及过去已经发生过的事情，但不要吟唱这些，请记得吟唱一下其他的事情（Μοῦσά λέγει τά τ' ἐόντα τά τ' ἐσσόμενα πρό τ' ἐόντα, τῶν μὲν μηδὲν ἄειδε, σὺ δ' ἄλλης μνῆσαι ἀοιδῆς.）。只有在这样的形式

---

1　这段文字出自普鲁塔克，《七位智者的宴会》，译文参照了英文版，Plutarch. *Complete Works of Plutarch*（Illustrated），Delphi Classics; 1 edition（March 29, 2013），S.715—716.

2　弗里德里希·温尔克（Friedrich Gottlieb Welcker, 1784—1868），德国古典语文学家，以研究古希腊文化，荷马史诗著称。曾撰写过《史诗时代或荷马式的诗人》（*Der epische Zyklus oder die Homerischen Dichter*）。

3　即缪斯在荷马的提问题中得到邀请。

4　哥特凌（Göttling），应该是德国古典语文学家卡尔·哥特凌（Karl Wilhelm Göttling, 1793—1869），曾编校过赫西俄德的作品，他的编校版在德语区较为知名。

中该问题以及接下来的回答才是可理解的。赫西俄德受缪斯女神的恩惠，有了述说过去、现在和未来整个领域的能力，但是他现在却想要去听一听另一个世界的东西，它不能被过去、现在和未来的概念所涵盖。荷马即刻就发现了正确的摆脱困境的方法，他说的是不可能的和不现实的世界。与这样的形式相比照，我们就会意识到《宴会》（Convivium）一文中的形式只是一种失败的仿制，它源自对正确形式的半折记忆：在这里被遗漏的是，赫西俄德才应该是真正的提问方，只有这样缪斯才不会被要求，去吟唱那不可能的领域，最后被遗漏的是，在赫西俄德的回答那里，问题与答复之间的自然联系已经被这样的开始"那么每当"（ἀλλ' ὅταν）所毁坏了。还有在这一点上，所需求的这两行诗并没有结尾，这证明了记忆的碎片化，同时也证明了一种确凿的无关紧要性，它正好针对着形式的特殊性，否则，在形式上《宴会》的撰写者也会是乏味的。在这样一种情况下，人们已然有了一种标准，即怎样来评判这里所引用的这个版本。依据这一版本，裁判员是在竞争者巨大的功绩和名望那里陷入了困境，于是只有求助于这样的质问，如我们刚才所提及的那一个质问一样。赫西俄德因为他的即兴回答而被大多数人所佩服并获得了三足鼎奖杯。倘若现在依照温尔克的设想（《史诗时代（Epischer Cyklus）》，270），是裁判员中的一位提出了这个问题，因此不可能预知的是，赫西俄德凭借一个幸运的回答就可以在整场竞赛中被指认为是获胜者，至少荷马也给出来一个回答，确切的说是一个不那么幸运的回答，然而对此我们找不到有任何的暗示。但是，如果让荷马提问而赫西俄德来回答，这样的过程也同样是难以置信的。作为获取胜利的关键时刻，既然只有这样的回答被关注，那么同样的，为了尽可能地维护竞赛的公正性，荷马也应该被给予这种可能，即去幸运地回答问题，然而对此我们依然找不到有任何的暗示。《宴会》的讲述者很显然把事件的次序给变换了，就像他把荷马与赫西俄德的次序搞混淆了一样，这要么由于他那赢弱的记忆力，要么是出于他对整体关系的偏爱，而正是在这样的整体关系中上述难题（ἀπορίαι）才被表述了出来。胜利天然的只能与最终并且最高的成绩相衔接，就像在弗洛伦萨论文中被全然正确地描绘出来的情形一样；但是一个随机的幸运的谜题答案并不能在荷马与赫西俄德的竞赛中起到决定性的作用。当《宴会》的撰写者在定制设想这一难题（ἀπορίαι）时，当他直接将竞赛者的回答与作为胜利的奖品三足鼎联系到一起时，他或许甚至拥有着一种自觉的意图；无论如何，我们从他的讲述中能够辨认出一种要么肆意、要么无意的对于那唯一的原始形式的污损和变形。这种原始形式的显著影像我们可以在弗洛伦萨论文中找到。当温尔克在 269 页 [1] 不出意料的发现了对于这种题材的诗歌本质的表述的多样性时，那么这通常而言只不过是在承认，关于一种多样化的表述我们是没有证据可循的，所有暗示都表明了这场竞赛只有一种形式，而这种形式正是我们所熟知的。另外，温尔克无疑还表露出，那些起源于菲洛斯特拉托，普罗克洛斯（毋宁说是采策斯）和地米斯蒂厄斯的关联参考（Bezüge），即该竞赛故事的一种别样形式的关联参考（Bezüge einer anderen Form der Erzählung），它们这些关联参考又共同被弗洛伦萨论文中的关联参考所指派：但是，后者与上述作者的区别仅仅在于，弗洛伦萨论文汇报的较详尽，

---

1　指《史诗时代或荷马式的诗人》一书的 269 页。

而上述作者与其说是暗示出了这种详尽的汇报，不如说是偶然地暗示出了一件众所周知的事情。那么至于这句话"接着我们提出问题他来说雷斯肯斯"（καὶ προὔβάλομεν ὥς φησι Λέσχης）所关涉的批评性争论问题，首先就是温尔克的反驳性的写法"接着请你提出问题，他来说，雷斯肯斯"（καὶ προὔβάλε, ὥς φησι, Λέσχης），因为通过这反驳性的写法，保持在《宴会》的叙事与真实的原版叙事之间的关系就被完然地摧毁了。除此之外，尽管这是如何的不可能，这位较为年轻的诗人，甚至或者说是这位学生，[1] 应该是在针对大师们施加批评并且甚至是从缺乏善意的角度施加批评。同样哥特凌的介绍也很难能获得赞同，他将这句话写为"接着提出问题而另一方面他来说雷斯肯斯"（καὶ προὔβάλ' ὁ μὲν ὥς φησι Λέσχης），并且他还想更多地了解这位较为年轻的诗人雷斯肯斯，而上述的雷斯肯斯在通常情况下却是一个不被熟知的人物。可是这 [2] 却与普鲁塔克伪作手稿的制造者们（Skenopoiie）[3] 截然相反。就整体而言，如果一位雷斯肯斯在七位智者的一次会谈之中作为保证人被提及，并且在谈话里没有更为近似的作为保证人的称号，那么，就没有其他人能够代替这位史诗诗人（der kyklische Dichter）[4] 被理解和认识。赫尔曼 [5] 彻底地清除掉了这个名字，因而也彻

---

1　这位较年轻的诗人和学生指的是雷斯肯斯。

2　指上文哥特凌的介绍。

3　Skenopoiie, Skenopoi, 古希腊语 σκηνο-ποιος，意思为制造帐篷的匠人，或制造舞台用具的人。

4　指的是雷斯肯斯。Kyklische Dichter, 指的是在史诗时代里用诗歌来讲述特洛伊战争的诗人。

5　这里指的是戈特弗雷德·赫尔曼（Gottfried Hermann），1772—1848，德国古典语文学家，曾长期在莱比锡大学工作学习。

底清除了奠基于这个名字之上的所有推论，可是他的猜想也仍然不能够引起人们的信任。在他不同版本的文句中，"他们转而求助于这样的提问与闲谈，并且提出问题相应的他们来说"（ἐτράποντο πρός τοιαύτας ἐρωτήσεις καὶ λέσχας καὶ προὔβαλεν ὁ μὲν φησιν），这个极其罕见又绝对诗意的单词 "闲谈"（λέσχαι）显得突兀又不适合。别格克 [1]（《亚里山大里亚文选》（*Analecta Alexandrina*），马尔堡，1846 年，22 页）传播了一个很引人注目的思想。依据别格克的观点，"如雷斯肯斯所说"（ὥς φησι Λέσχης）作为补录只不过是一位有学问的读者的边角评注罢了，它标明了接下来的两句诗源自于雷斯肯斯的《小伊利亚特》。在这样的意义上，他剔炼出句子，"于是提问，随后，缪斯等等"（καὶ προὔβαλεν, ὁ μὲν · Μοῦσά χτλ.）。上述诗句很有可能是一部史诗的导言，并且事实上，相比于《宴会》的作者出于临时的目的创作出了不准确的新的诗句，更为可能的是，《宴会》的健忘的撰写者从记忆里呈现出了错误的并且只传达一半形势的合适的诗句。

## 二　阿尔西达马斯 [2] 作为这一竞赛形式的首创者

弗洛伦萨论文，全名《关于荷马与赫西俄德：他们的谱系与他们的竞赛》（περί Ὁμήρου καὶ Ἡσιόδου καὶ τοῦ γένους καὶ ἀγοῶνος αὐτῶν）的起草人，仅仅只有一次谈论过他自己，即

---

1　特奥多尔·别格克（Theodor Bergk），1812—1881，德国著名的古典语文学家，曾就读于莱比锡大学。戈特弗雷德·赫尔曼的学生。曾任教于马尔堡（Marburg）大学。

2　阿尔西达马斯（古希腊：Ἀλκιδάμας，德：Alkidamas），古希腊的诡辩家，演说家。高尔吉亚（古希腊：Γοργίας，德：Gorgias von Leontinoi）的学生，伊索克拉底（古希腊：Ἰσοκράτης，德：Isokrates）的对手。

谈论过他所生活的时间，由此这个时间就可以被确定下来。他
讲述说，最为杰出的独裁者哈德良（θειότατος αὐτοκράτωρ
Ἀδριανός）曾向皮提亚[1]询问荷马的父母及其出生地，皮提
亚回答了他的问题，并且在这里，起草人在询问方和回答方
（τὸν ἀποκρινάμενον）跟前表达了他的敬意。那么这位起草人
是否同时就是他所讲述的竞赛故事的发明者呢？当本恩哈迪[2]
称这份完整的手稿为"一份以哈德良的名义在竞赛形式之中
的自由的诡辩练习片段"时（第 II 卷，265 页，第 3 次编辑
版），他是这样认为的。这是一种占据主导地位的想象，而这
种想象就隐藏在"一场竞赛的创写者（auctor certaminis）"[3]
这样一个暧昧的双重概念之后。依据这样的表达，不仅某位与
哈德良同时代的人物被标记出来，这一竞赛故事的讲述者也
被标记了出来，确切的说，此二者恰恰就是同一个人物。竞
赛（Certamen）时而意味着这整个手稿的标题，时而又意味
着这手稿里的一个部分。针对这一标题的不精确性，瓦伦蒂
尼·罗斯说（《汇编（Anecd）》第 6 页[4]）："丹尼尔·海因修
斯[5]（他的《赫西俄德》Lugd. Bat. 1603 年，四开本）缩减了史

---

1　皮提亚（古希腊：Πυθία，德：Pythia），德尔菲神庙的女祭司，以传达阿波罗的神
　谕著称。

2　戈特弗雷德·本恩哈迪（Gottfried Bernhardy）著有《希腊文学大纲》（两卷）
　（*Grundriss der griechischen Litteratur*）。这里尼采所引用的文字正是出自该书。

3　拉丁语 Auctor 有首创者（倡导者、奠基人）之意，同时也有作者、撰写者之意。因
　此 auctor certaminis 就可以解释为是一场竞赛的首创者，或者是一场竞赛的记录者。

4　指瓦伦蒂尼·罗斯所写的《希腊与希腊—拉丁诗文汇编》（*Anecdota Graeca et
　Graecolatina*）一书。

5　丹尼尔·海因修斯（Daniel Heinsius，1850—1655），荷兰文艺复兴时期的知名学
　者，诗人。

蒂芬努斯[1]根据这份手稿所给出的标题《关于荷马与赫西俄德：他们的谱系与他们的竞赛》( περί Ὁμήρου καὶ Ἡσίοδου καὶ τοῦ γένους καὶ ἀγῶνος αύτῶν ) —— 显然，因为他接受并认为，是史蒂芬努斯发明了这个标题 —— 自从海因修斯的《赫西俄德》之后，流传下来的就是不完整的对应标题，赫西俄德与荷马竞赛 ( Ἡσίοδου καὶ Ὁμήρου ἀγών )"。并不完全正确：说海因修斯忽略了真实的标题而把史蒂芬努斯版的主标题放到了前面：因为史蒂芬努斯已经开始着手缩减标题了，在他的复印本 ( apographum ) 的边角注解中就已经开始了。

弗洛伦萨论文的起草人一定就是汇报人 ( Referent )，当然汇报的方式之中的区别值得注意。在第一章节（关于故乡，身世和时代），起草人提供了一个简洁的最为与众不同的观点：所有如下之事的描述都依照一个唯一的来源（只有事关赫西俄德之死上，才通告了一个相偏离的版本）。我们在一份简介里拥有了一份荷马与赫西俄德的生平简介（ eine vita Hesiodi et Homeri ）：前一份简介是一位文法学家的简介，而后一份简介则是一份自由独立的，被详尽实现出来的描述，正是上述的文法学家摘录了这份描述。[2]在这两个部分之间存在着很大的差别。被插入摘录进来的那份简介[3]只能从确定的前提开始。依据这份简介荷马母亲的故乡是伊奥斯（Ios），[4]相反，在序言中

---

1 黑里库斯·史蒂芬努斯（Henricus Stephanus）即艾斯蒂安纳（Henri Estienne，1531—1598），法国的印书商和语文学家。

2 在荷马与赫西俄德竞赛一文中，有一份简短的序言（Einleitung），介绍了荷马与赫西俄德的生平，尼采认为这里的介绍只是文稿撰写者的摘抄。

3 指上文所说的文法学家的简介，或者他撰写的荷马与赫西俄德的简介。

4 荷马与赫西俄德竞赛的传说，是从荷马向阿波罗神殿女先知皮提亚询问自己的身世开始的，皮提亚说：伊奥斯是你母亲的故乡。而这也是竞赛传说开始的前提。

只通报了"各方面都存在很大的争议"（πολλὴ διαφωνία περὶ πᾶσιν），而文稿作者不同寻常地信赖了皮提亚所发表出来的闪光的意见。在序言中时间是不肯定的，而在文法学家的简介中荷马被视为是国王梅敦 [1] 的同时代人（也就是说他来自伊奥尼亚殖民地 [ionischen ἀποικία]）。[2] 在序言中，关于荷马与赫西俄德是否生活于同一时期，是一个不能确定的问题，而在文法学家的简介中这却是一个事实。在序言中，斯米尔纳（Smyrna），[3] 希俄斯（Chios）和克洛丰（Colophon）都对荷马拥有首要的要求权，而在文法学家的简介中，荷马的出生地绝非上述城市，而是伊奥斯。论文的起草人只是介绍了这份简介，他持续不断地插入"据说"（ὥς φασι）[4] 一词就可以证明；当然，由此他否认了，他自己是这个故事的发明者的可能。当本恩哈迪讲述希罗多德 [5] 的荷马简介时说道，"在他那平常而又迂腐的材料处理中，这种处理偏离了古老的思维方式，这少许的工作揭露出了一种与集锦体文本（Cento），[6] 荷马与赫西俄德竞赛（Ὁμήρου καὶ ‘Ησίοδου ἀγών‘），相关的精神血缘关系"，那么本恩哈迪就设想了，起草人用"竞赛的形式"自由地编辑了一种古老的题材。那么论文起草人可能原本只是做汇报的文法学家，因为他将观点挨着观点罗列在一起；那么他也可能是诗歌创作的哲人智者，因为他有一个具备了固定前提的封闭的

---

1　梅敦（Medon）在古希腊神话里是城邦阿戈斯（Argos）的国王。

2　伊奥斯在这一时期属于伊奥尼亚殖民地。

3　即现在土耳其的第三大城市，伊兹密尔（Izmir）。

4　ὥς φασι，如他们所说，据说。

5　希罗多德（古希腊：Ἡρόδοτος，德：Herodot），生活于公元前五世纪，古希腊历史学家。

6　Cento，集锦作品，指全部或大部分由引文组成的作品。多用于诗歌作品中。

故事链条。但如果是文法学家的话，他就应当至少坚持，诗人简单地设定为是真实的事情，只不过是一种可能。但是，在这里我们却发现，可能之事与对立之事被当作是真实之事。所有这些都奉劝不要采纳这种不自然的想象（而另外的那一个就显得是适当又通常）。于是，这种想象是如何产生的，就清楚了：人们不知道，我们的弗洛伦萨论文只是一个更大的作品中的一份摘选（ἐκλογή），人们只不过将之视为是独立的文稿罢了。人们在竞赛（ἀγών）的自由形式中寻找这份独立性，而在这场竞赛中可能只有一份简短的历史性序言被提前发送了出来。与我们的判断相反的是：这份独立性在于，序言里对博学的观点的罗列并置，下文只是简单地抄写（当然是以缩减的形式）。在赫西俄德的逝世这件事上，作者的独立性，通过一份博学的对立证词，又一次得到了突现。"他继续在奥伊瑶人[1]中生活了很长时间 [Διατριβῆς δ' αὐτῷ πλείονος γενομένης ἐν τοῖς Οἰνεωνεῖσιν（所以埽坡[2]采用了 'Οἰνῶσιν' 一词）] 直到当地的一些年轻人怀疑赫西俄德诱奸了他们的姐妹（ὑπονοήσαντες（埽坡毫无理由地用了 'ὑποτπήσαντες' 一词）οἱ νεανίσκοι τὴν ἀδελφὴν αὐτῶν μοιχεύειν τὸν 'Ησίοδου, ），杀死了他随后又将之丢入埃维亚岛和洛克里斯之间的大海（ ἀποκτείναντες εἰς τὸ μεταξὺ τῆς Εὐβοίας（在原稿中无疑应该是 'Εὐπαλίας' 或 'Βολίνας'：尽管就这个地点而言并没有什么可校改的）καὶ τῆς Λοκρίδος（原初很可能是 'Μολυκρίας'）πέλαγος κατεπόντισαν. ）。然而，尸体却在第三天被海豚带向了大地

---

1　奥伊瑶（古希腊：Οἰνόη，英：Oenoe），古希腊地名，属于洛克里斯（古希腊：Λοκρίς，德：Lokris）地区。
2　赫尔曼·埽坡（Hermann Sauppe），1809—1893，德国古典语文学家，金石学家。

上，而那时当地正在举办一些祭祀阿里阿德涅的庆典，（τοῦ δὲ νεκροῦ τριταίου πρὸς τὴν γῆν ὑπὸ δελφίνων προσενεχθέντος ἑορτῆς τινος ἐπιχωρίου παρ' αὐτοῖς οὔσης Ἀριαδνείας（这里依据普鲁塔克类似段落的引导应该是''Ρίου ἁγνείας')），于是所有的人都跑到了岸边并且辨认出了尸体，他们哀悼并埋葬了它，接着开始寻找凶手（πάντες ἐπὶ τὸν αἰγιαλὸν ἔδραμον καὶ τὸ σῶμα γνωρίσαντες ἐκεῖνο μὲν πενθήσαντες ἔθαψαν, τοὺς δὲ φονεῖς ἀνεζήτουν.）。那些年轻人害怕同乡们的愤怒就驾驶了一艘渔船出海逃向克里特，[1] 在他们航行的半途，宙斯用雷电击沉了他们，就像阿尔西达马斯在他的《学园》[2] 中所说的那样（οἱ δὲ φοβηθέντες τὴν τῶν πολιτῶν ὀργὴν κατασπάσαντες ἁλιευτικὸν σκάφος διέπλευσαν εἰς Κρήτην, οὓς κατὰ μέσον τὸν πλοῦν ὁ Ζεὺς κεραυνώσας κατεπόντωσεν, ὥς φησιν Ἀλκιδάμας ἐν Μουσείῳ.）。埃拉托斯特尼[3] 在他的《赫西俄德》一书中说（Ἐρατοσθένης δέ φησιν ἐν Ἡσιόδῳ（别格克认为应是 'ἐν ἐνηπόδῳ'）），嘎努克托尔的儿子克提门农和安提丰，基于上述理由，着手杀死了赫西俄德，被通神的预言家欧里克勒斯所惩罚，等等（Κτίμενον καὶ Ἄντιφον τοὺς Γανύκτορος ἐπὶ τῇ προειρημένῃ αἰτίᾳ ἀνελόντας（注意，不是 'ἀνελθόντας'）σφαγιασθῆναι θεοῖς（不是 'θεσμοῖς'）

---

1 克里特（古希腊：Κρήτη，德：Kreta），希腊最大的岛屿。

2 《学园》（古希腊：Μουσεῖον，德：Museum），亦可译为《博物馆》，阿尔西达马斯的一部作品。从尼采的引文及随后的考据来看，这部作品应该是阿尔西达马斯的雄辩术教科书，不是讲述博物馆或学园。所以，书名 Museum 翻译成《教科书》可能更恰当一些。因为尼采对《教科书》的考据是在第三节展开的，所以在尼采的考据未完成之前，本译文还是选择将其译为《学园》。

3 埃拉托斯特尼（古希腊：Ἐρατοσθένης，德：Eratosthenes），古希腊数学家，天文地理学家，诗人。

τοῖς ξενίοις ὑπ' Εὐρυκλέους τοῦ μάντεως κτλ. )"。

　　这是唯一的段落，在此论文起草人明确地指出了他所引用的首要来源（*Hauptquelle*），阿尔西达马斯在《学园》中。这意味着，由于起草人想插入埃拉托斯特尼的一个相反的简录，或者说不得不指出，这一个权威观点反对了哪一个权威观点。那么究竟谁会愿意认为，起草人在这里并没有使用他的首要来源（整个竞赛—故事就是源自于这里），而是通过这样的页面表示，关于赫西俄德的死亡，最早的记录出自于另一本书，而这另一本书里的记录又源自于另外的一本书。[1]无论如何，最早的记录（首要来源）不仅包含了赫西俄德的死亡，还包含了荷马的死亡；那么，论文起草人首先使用那份最早的记录，就是再自然不过的事情了。还有一个完全错误的观点认为，阿尔西达马斯只是为了"凶手的惩罚"才被引用的；埃拉托斯特尼的对立证据包含着一个关于赫西俄德之死的绝对异常的变体，借此，在相互关联之中，关于凶手的惩罚也绝对异常了起来。

　　依据论文作者自己的证据，他使用阿尔西达马斯是为了这份伟大的嵌入式双简历（die grosse eingeschobene Doppelvita）（这份简历在竞赛（ἀγών）故事中有它的核心点）。因此，在阿尔西达马斯的《学园》中，可以发现一份荷马与赫西俄德竞赛的广阔的表述。那么，事情的真相就是，这唯一的引用句可以向我们保证其他的引文也源自同样的一本书《学园》。斯

---

1　尼采在这里是想论证，弗洛伦萨论文的起草人关于赫西俄德之死的论述直接来源于阿尔西达马斯的《学园》一书；而不是说论文起草人将赫西俄德之死的最早来源，从阿尔西达马斯的《学园》一书，考证到埃拉托斯特尼的《赫西俄德》一书。

托巴伊乌斯[1]的《选集》第 120 则（*Floril*.tit.120）引用文（以
《死亡的礼赞》"ἔπαινος θανάτου" 为标题）：出自阿尔西达马
斯的学园[2]（Ἐκ τοῦ Ἀλκιδάμαντος Μουσείου.）：

> 起初就不要出生到地面上来，这是最好的事情，
> 一旦出生了，那么越快踏入哈得斯[3]的大门越好。
> （ἀρχὴν μὲν μὴ φῦναι ἐπιχθονίοισιν ἄριστον
> φύντα δ' ὅπως ὤκιστα πύλας Ἀίδαο περῆσαι.）

　　弗提乌斯[4]在索引目录（Register）里称阿尔西达马斯为一
位诗人：这必定是他从这两行诗里推断出来的，倘若他除此之
外对阿尔西达马斯一无所知的话。——可是，这两行诗，恰恰
就是荷马在竞赛（ἀγών）中回应赫西俄德的问题时所说的。赫
西俄德的问题是：

---

1　斯托巴伊乌斯（Stobaeus），即 Johannes Stobaios，生活于五世纪早期的作家，古
　　典史料汇编者。他之所以汇编希腊文本是为了给自己的儿子提供一份合格的教材。
　　这部教材有四卷，前两卷以物理学为根基，而后两卷则以伦理学为根基。该部教
　　材的 1、2 卷书名为《诗选》（*Eclogae*），3、4 卷书名为《文选》（*Florilegium*），因
　　为 Eclogae 和 Florilegium 都有选集的意思，所以将这四卷的书名统译为《选集》。
　　以下引文可参见：Ioannis Stobaei（Johannes Stobaios）*Florilegium*: 3，sumptibus et
　　typis B. G. Teubneri，1856，S.102.
2　学园（Μουσειον），这里用的是第二格 Μουσείου，这个词还有缪斯居所，缪斯神
　　庙，图书馆，博物馆等含义。
3　哈得斯（古希腊：Ἀιδης，德：Hades），古希腊神话中的死神，宙斯的弟弟，掌管
　　冥界。
4　弗提乌斯一世（Photios I.，820—891），曾是君士坦丁堡的主教。编撰过《百科》
　　（*Bibliotheke*）一书。

　　荷马，美雷斯之子，你拥有神赐予你的慧智
请快点告诉我，对于终有一死的人类来说最好的是什么？
（υἱὲ Μέλητος Ὅμηρε θεῶν ἄπο μήδεα εἰδὼς
εἴπ' ἄγε μοι πάμπρωτα τί φέρτατόν ἐστι βροτοῖσιν; ）

　　要是依据我们的论证可以肯定一个段落出自于阿尔西达马斯的《学园》，那么，就必定会有一个确凿的证据可以表明，这个段落事实上存在于《学园》中。

　　无论如何，现在阿尔西达马斯的箴言与高尔吉亚[1]那位著名学生以及学园遗产息息相关。就像荷马在与赫西俄德的竞赛中被描述出来一样，他在即兴表演中的机智应答也特别地被强调了出来；还有此后，在荷马驻留于雅典城时所发生的，即他临时（des σχεδιάζειν）创作的称赞叙述[2]也被描述了

---

[1] 高尔吉亚（古希腊：Γοργίας，德：Gorgias von Leontinoi），古希腊哲学家。阿尔西达马斯的老师。

[2] 据《荷马与赫西俄德竞赛》一文记载，荷马在比赛失利之后，四处云游，后来到了雅典，受到执政官梅冬（古希腊：Μέδων，德：Medon）的接待，当时正值寒冬，议会大厅里生了火，但荷马自己居住的屋子应该没有火。于是荷马在梅冬跟前吟唱道："孩子是一个男人的冠冕，塔楼是一座城池的冠冕，马匹是一块平原的纹饰，而船只则修饰着大海。看到一位贤人坐在议会场合，多好。但更有价值的是，当在一个冬日，克诺纳斯之子令大雪降临，能有一间屋子，火光灿然 "。（ἀνδρὸς μὲν στέφανοι παῖδες, πύργοι δὲ πόλης, ἵπποι δ' αὖ πεδίου κόσμος, νῆες δὲ θαλάσσης, λαὸς δ' εἰν ἀγορῆσι καθήμενος εἰσοράασθαι.αἰθομένου δὲ πυρὸς γεραρώτερος οἶκος ἰδέσθαι ἤματι χειμερίῳ ὁπότ' ἂν νείφῃσι Κρονίων.）古希腊文参见：Certamen Homeri et Hesiodi, Homeri opera, Tomus V hymnos cyclum fragmenta Margiten Batrachomyomachiam vitas continens, Oxonii 1912, pp.225—238, v. 281—285. 中译文参考了吴雅凌由法文译来的《荷马与赫西俄德之间的辩论》，《康德与启蒙——纪念康德逝世二百周年》，"经典与解释"丛书，刘小枫，陈少明主编，华夏出版社，北京，2004年，294—305页，304页。

出来。依此，荷马在赫西俄德只提出问题的时候战胜了他，但是在吟诵已经完成的诗歌时却失败了，当然这失败也并不是依据于希腊人的判断。而即兴表演这种特性，恰好就是雄辩家阿尔西达马斯在对抗伊索克拉底[1]时所着重强调。这个故事的意义在于：不即兴演说的演讲家只能通过不公正的方式才能获得胜利。比较一下这篇演说，"关于书面演讲的作者或智术师"（περὶ τῶν τοὺς γραπτοὺς λόγους γραφόντων ἢ περὶ σοφιστῶν），依据珐雷[2]令人信服的阐述，这篇演说被认为是真实的（约翰·珐雷，《雄辩家阿尔西达马斯》，出自维也纳学术研究会的会议报告，1864 年）。荷马，阿尔西达马斯也非常地尊重他（森格布施[3]《荷马论稿》（diss.Hom）I，第 113—114 页），在一定程度上是高尔吉亚学派的富有口才的典型。菲洛斯特拉托的《智术师生平》（Vit. Soph）[4] 第 482 页：当他（高尔吉亚）在雅典的剧场中出现，鼓足勇气谈论"你们是否提前计划演讲主题"时，他是第一个为这鲁莽的宣讲冒险的人，这表明了，他是一位无所不晓者，能够谈论任何发送过来的话题，等等（παρελθὼν γὰρ οὗτος（Γοργίας）ἐς τὸ Ἀθηναίων θέατρον ἐθάρρησεν εἰπεῖν 'προβάλλετε' καὶ τὸ κινδύνευμα τοῦτο πρῶτος

---

1　伊索克拉底（古希腊：Ἰσοκράτης，德：Isokrates），古希腊雄辩家，阿尔西达马斯的对手。曾在雅典设立学园教授雄辩术。

2　珐雷（Johannes Vahlen，1830—1911），德国古典语文学家，他攻读博士学位时跟随的导师是里奇尔（Friedrich Wilhelm Ritschl）。而里奇尔也是尼采研究古典语文学时所跟随的老师。尼采之所以能获得巴塞尔大学的教职，里奇尔的推荐功不可没。

3　森格布施（Maximilian Sengebusch，1820—1881），德国古典语文学家。

4　《智术师生平》（Vitae Sophistarum），菲洛斯特拉托所著，包含有 59 位智术师（诡辩家）的生平。

ἀνεφθέγξατο, ἐνδεικνύμενος πάντα μὲν εἰδέναι, περὶ παντὸς
δὲ ἂν εἰπεῖν ἐφιεὶς τῷ καιρῷ κτλ.）。[1] 荷马，阿尔西达马斯讲述
表明（珐雷，10），"为史诗的创制提供了前所未有的玩具"
（οὐδὲν τοιοῦτον ἄθυρμα τῇ ποιήσει προσφέρων），"他清楚在创
作中也应当存在严肃的东西"，而在这次竞赛的场合，他正是
在这种严肃—哲学的意义上演说的。这些竞赛的形式，荷马的
考试（die Prüfung Homers）就是在这些形式中发生的，令人
想起了高尔吉亚的那位学生。[2] 当高尔吉亚"通过简洁的言谈"
（διὰ βραχυτάτων εἰπεῖν）（柏拉图，《高尔吉亚篇》449c）来赞
美他自己时，它令我们想起了赫西俄德的那个请求：[3]

你能用最简短的言语说出什么是最好的吗？
（ἐν δ' ἐλαχίστῳ ἄριστον ἔχεις ὅτι φύεται εἰπεῖν;）

同时也令我们想起随后的句子，在这些句子中，至关重要的
是，用最简短的形式表达一种有显著意味的思想，并且这种表
达会陷入一种对答如流的共同催压（Zusammendrängen）。高
尔吉亚的"通过简洁的言谈"（διὰ βραχυτάτων εἰπεῖν）贯穿了
整个竞赛（ἀγών）。在这场测试中，出现了"难以应付的询
问"（ἡ τῶν ἀπόρων ἐπερώτησις），然后才会有"模棱两可回答
的箴言"（γνῶμαι ἀμφίβολοι）。于是，荷马就"通过算术难题

---

1 本处翻译参考了菲洛斯特拉托（Philostratus of Athens）的《智术师生平》（lives of
the Sophists）的英译本，http://www.loebclassics.com/view/philostratus_athens-lives_
sophists/1921/pb_LCL134.9.xml。
2 指阿尔西达马斯。
3 这个请求是赫西俄德在竞赛中为难荷马的问题之一。

的推理"（διὰ λογιστικοῦ προβλήματος）回答了一个问题。[1] 这四处都显得必须的哲学处在简单的伦理水平之上。——那么现在"学园"（μουσεῖον）这个头衔究竟意味着什么呢？关于这个问题，别格克和埽坡分别在不同的意义上作出了回答，而现在，我们就应当来研究一下这个问题。

### 三　阿尔西达马斯的《学园》

通过证明我们相信，这场竞赛的起草人从阿尔西达马斯的《学园》中提取了整体的主干，即提取了关于真实竞赛的连续的描述，而荷马与赫西俄德的命运则依赖于竞赛的成功；现在，我们意欲首先来阐述一下，哪些概念会与《学园》联系在一起。但是，在我们往前进一步开始之前，我们有必要顾虑到一种从现在起随之发生的解释（冯·劳易迟，[2]《语文家》（*Philologus*）[3] 第30卷，第202—204页），这个解释可能会在一个实质性的论点上动摇我们的论证，如果它自己的根基足够牢靠的话。我们的证据是，当某一段落源自于阿尔西达马斯时，那么一种自然而然的确认就能从其中得出，这种自然而然的确认是，依据我们的假设，有两行诗必定存在于阿尔西达马

---

1　在竞赛中，赫西俄德问，有多少亚该亚人（Αχαιοί）伴随着阿特柔斯（Ἀτρεύς）的儿子们奔赴特洛伊（Ἴλιον）战场？荷马没有正面回答这个问题，转而假设，如果有五十个火炉，每个火炉上有五十支烤肉叉子，每个烤肉叉子上有五十个动物的尸体，而亚该亚人的数目是所有动物尸体的三乘三百倍。参见：*Certamen Homeri et Hesiodi*, *Homeri opera*, Tomus V hymnos cyclum fragmenta Margiten Batrachomyomachiam vitas continens, Oxonii 1912, pp.225—238, V.140—148。

2　恩斯特·冯·劳易迟（Ernst von Leutsch, 1808—1887），德国古典语文学家，以长期主编杂志《语文家》而知名。

3　《语文家》（*Philologus*），德国著名的文史杂志，全名为《语文家：研究古典文学及其接受的杂志》（*Philologus. Zeitschrift für antike Literatur und ihre Rezeption*）。

斯的《学园》之中，——倘若不是这关于竞赛的叙述存在于
《学园》中的话——事实上，这两行诗的存在也可以从斯托
巴伊乌斯那里得到引证："出自阿尔西达马斯的学园"[1]（ἐκ τοῦ
Ἀλκιδάμαντος Μουσείου）。这两行诗就是，荷马在面对赫西俄
德的问题，对有死之人来说什么是最好的，时所给出的回答：

> 起初就不要出生到地面上来，这是最好的事情，
> 一旦出生了，那么越快踏入哈得斯[2]的大门越好。
> （ἀρχὴν μὲν μὴ φῦναι ἐπιχθονίοισιν ἄριστον
> φύντα δ' ὅπως ὤκιστα πύλας Ἀίδαο περῆσαι.）

但是，现在冯·劳易迟却恰恰相反地想主张，这两行诗
并不存在于《学园》之中——一种现在被证明为无效的意
图，因为他现在再也不能，去克服一个具备如此威力的双向证
据（Doppelzeugniss），他只是成功地将自己放到这个证据的
对立面罢了，自此之后，他唯愿消除掉这个证据，而不是去接
受它。现在，这个出自斯托巴伊乌斯的引文和我们的论证相互
支撑。那么，为什么冯·劳易迟执意要反对，阿尔西达马斯使
用了这两行诗呢，为什么他必须，清理掉斯托巴伊乌斯的那个
证据，甘愿在这里接纳一个严重的污点，缺陷和混乱？因为
他不愿意相信，阿尔西达马斯已经知晓了以这种形式出现的

---

1　学园（Μουσεῖον），与博物馆、图书馆的词源相同，最早指的都是缪斯的居所。
后来在拉丁语里 Museum 同时居有博物馆、图书馆、缪斯居所、研究会（学会）
等多重含义。
2　哈得斯（古希腊：Ἅιδης，德：Hades），古希腊神话中的死神，宙斯的弟弟，掌管
冥界。

第一行诗："起初就不要出生等等"（ἀρχὴν μὲν μὴ φῦναι κτλ.）。因此 —— 简而言之 —— 他并不是反对那两行诗的故乡是阿尔西达马斯的《学园》，当这两行诗歌以"完全就不要出生等等"（πάντων μὲν μὴ φῦναι κτλ.）这样的形式开始时，在同样的形势下，他渴望去反对那并没有抓住实质的斯托巴伊乌斯的传承。

也就是说，冯·劳易迟认为，最初从克兰托尔 [1] 开始，那两行诗中的第一行诗的形式"起初就不要出生等等"（ἀρχὴν μὲν μὴ φῦναι κτλ.）就被引入到了流通之中，确切的说，这种形式的被引入是缘于克兰托尔的那被广泛应用的文字的误解。古代流传的文本必定应该是"完全"（πάντων）；"但是我们关注一下普鲁塔克的《对阿波罗尼乌斯的吊唁（Consol. ad Apoll.）》[2] 第 27 则，'如克兰托尔所说，不是现在，而是很久以前，许多智者都在哀叹人类，他们认为生命是一种惩罚，对于已经出生的人而言，最好的事情就是厄运灾难' [3]（πολλοῖς γὰρ καὶ σοφοῖς ἀνδράσιν, ὥς φησι Κράντωρ, οὐ νῦν ἀλλὰ πάλαι κέκλαυσται τἀνθρώπινα τιμωρίαν ἡγουμένοις εἶναι τὸν βίον καὶ ἀρχὴν τὸ γενέσθαι ἄνθρωπον συμφορὰν τὴν μεγίστην.），这表明，克兰托尔曾经谈论过这个泰奥格尼斯式的（Theognideische）[4] 段落，确切的说是在一种特定的语境中

---

1　克兰托尔（古希腊：Κράντωρ，英：Crantor），古希腊哲学家，柏拉图主义者。

2　《对阿波罗尼乌斯的吊唁》（Consolatio ad Apollonium），出自普鲁塔克的《会语集录》（《道德小品》）。

3　συμφορά，作贬义用时指的是灾难，厄运，不幸。这里指的应该是不幸所导致的死亡。

4　泰奥格尼斯（古希腊：Θέογνις ὁ Μεγαρεύς，德：Theognis von Megara），古希腊诗人，作品以哀歌为主。

谈论过，他招致了这样一种观点，即'起初'（ἀρχήν）是这位诗人[1]的一种措辞表达，于是我们就在应用之中发现了'起初'（ἀρχήν），比如在塞克斯都·恩披里柯（Sext. Empir.）[2]的《皮浪主义怀疑论纲要（Pyrrh. Hypotyp.）》第 3 卷，24，法布里奇乌斯（Fabr.）[3] 编，第 186 页，就是'起初就不要……'（ἀρχὴν μὲν μὴ...,），但在其他人那里，他们对此有过更为精确的观察注意或者他们对于泰奥格尼斯有所了解，则会使用'完全就……'（πάντων μὲν...,），比如在克莱门斯·亚历山大[4]的《杂记》（Strom.）[5] 第 3 卷，3，15，波特（Pott.）[6] 编，第 517 页，以及狄奥多里特[7]的《希腊劣疾的治愈》（Graec.affect. cur.）[8] 第 5 卷，11，71，17：因为上述三处与克兰托尔有关的文献记载，让我觉得更加确凿无疑。这则泰奥格尼斯的格言一直到教父时期都非常的为人所熟知，所以现在，当泰奥格尼斯的格言集产生的时候，人们从其中提取出那则格言，就成了理所当然的事情；那么现在意外的是，那些首先把我们的诗句从格言

---

1 这位诗人指泰奥格尼斯。

2 塞克斯都·恩披里柯（Sextus Empiricus），生活于公元 2 世纪的哲学家，皮浪主义代表人物之一，著有《皮浪主义怀疑论纲要》（Pyrrhōneíoi hypotypōseis）。

3 法布里奇乌斯（Johann Albert Fabricius，1668—1736），德国古典语文学家。

4 克莱门斯·亚历山大（Clemens von Alexandria），即来自亚历山大城的克莱门斯，原名提图斯·克莱门斯（Titus Flavius Clemens），大约生活在公元 150—215 年之间，基督教神学家，早期教父。

5 《杂记》（Stromata），克莱门斯对自己神学信仰的随记。

6 约翰·波特（John Potter，～ 1674—1747），坎特伯雷大主教。

7 狄奥多里特（Theodoret，393 ～ 460），又译为狄奥多勒，著名的神学家，教会史学家。

8 《希腊劣疾的治愈》（Graecarum Affectionum Curatio），共 12 卷，在这本书中狄奥多里特试图用希腊哲学来论证基督教信条的真理性。

集中提取出来的人，他们并不是直接从泰奥格尼斯那里，而是从一个跟克兰托尔有关的文本源头里提取的，由此可以再次表明，首先，泰奥格尼斯的名字在格言收集者[1]那里，即在与马卡里乌斯[2]有关的卷章里只出现过一次，此外再没有出现过：格言收集者们视格言的作者为古老的和佚名的；其次，他们并没有引用全部的泰奥格尼斯的四行诗，而是或者像克莱门斯与狄奥多里特那样，只引用了最初的三行诗，《马卡里乌斯（ *Macar.* ）》，[3] 卷 II，45，Suid. s. '起初就'（ ἀρχὴν μὲν， ），或者引用了两行六音步诗，[4] 如《第欧根尼（ *Diogen.* ）[5]·格言（ *Prov.* ）》，[6] 卷 III，4，《阿波斯托里乌斯（ *Apost.* ）》，[7] 卷 III，

1　格言收集者（Parömiographen），早先专指收集希腊格言、谚语的古希腊学者。后来收集民间谚语的人也被称为是 Parömiograph。这里应该指的是哥廷根大学的两位教授：恩斯特·冯·劳易迟与弗里德里希·威廉·施乃德温（Friedrich Wilhelm Schneidewin），这两位都曾是德国著名的文史杂志《语文家》（ *Philologus* ）的编辑，他们合作编撰了《古希腊谚语格言全集》（ *Corpus paroemiographorum Graecorum* ）两卷本。全集第一卷出版于 1839 年，第二卷出版于 1851 年。

2　马卡里乌斯（Macarius），这里指的应该是大马卡里乌斯（Makarios der Große，Makarios der Ägypter，∼ 300—391），早期基督教的圣贤，曾在沙漠中隐修 60 年。

3　见《古希腊谚语格言全集》（ *Corpus paroemiographorum Graecorum* ）第 2 卷，148 页。

4　六音步诗行（Hexameter），史诗中的古典格律，荷马史诗与赫西俄德的诗歌都采用了这种格律。

5　锡诺帕的第欧根尼（古希腊：Διογένης ὁ Σινωπεύς，德：Diogenes von Sinope），古希腊哲学家，犬儒主义代表人物。

6　见《古希腊谚语格言全集》（ *Corpus paroemiographorum Graecorum* ）第 1 卷，214—215 页。"起初就……"两句泰奥格尼斯的诗出自该书第欧根尼（Diogeniani）部分的第 3 卷，第 4 则。

7　阿波斯托里乌斯（德：Michael Apostolius，∼ 1422—1478），作家，谚语收集者，希腊语教师。阿波斯托里乌斯 III，第 85 则格言见《古希腊谚语格言全集》（ *Corpus paroemiographorum Graecorum* ）第 2 卷，307 页。

85，《阿尔森尼乌斯（*Arsen.*）》，[1] 卷 V，49，或者只引用第一句，如索福克勒斯 [2] 的《俄狄浦斯在科罗诺斯》(Schol. ad Soph. *Oed. Col.*) 第 1125 行；[3] 于是最终，他们在第一行诗句里用 '起初'（ἀρχὴν）替代了 '完全'（πάντων）。现在，《荷马与赫西俄德的竞赛（*die Cert. Hom. et Hes.*）》（威斯特曼（West.），36，75）的起草人从一个格言集中借用了它，而它又仅是两行六音步诗。起草人借用这则古老的格言，只不过是意图去装饰他的那个拙劣作品罢了：就像法布里奇乌斯对于塞克斯都·恩披里柯的《皮浪主义怀疑论纲要》(*Sext. Empir.* 1.c.) 所评说的那样，这则格言在拜占庭人那里也依然会浮显，同时也出现了 '起初'（ἀρχὴν）一词。因此，我认为这说明了，这几行被别格克描述为是西勒尼（Silenus）[4] 的诗歌，就其最早所主张的形式而言，首先应该是来源于泰奥格尼斯；然而，有一处，即斯托巴伊乌斯的《选集》，第 120 篇，第 3（Stob. *Flor.* 120，3），却似乎彻底地颠覆了这个被辛苦实施的考察，在斯托巴伊乌斯的《选集》中，这两行六音步诗 '起初就……'（ἀρχὴν μὲν....）是从阿尔西达马斯的《学园》里被引用而来的"等等。

斯托巴伊乌斯的《选集》中的这处证据也彻底地颠覆了如下观点，也就是说，基于这一处已经被我们的论证所确实了

---

1　阿尔森尼乌斯（德：Arsenius der Große），基督教沙漠隐士之父。见《古希腊谚语格言全集》(*Corpus paroemiographorum Graecorum*) 第 2 卷。

2　索福克勒斯（古希腊：Σοφοκλῆς，德：Sophokles），古希腊悲剧作家，代表作有《俄狄浦斯》、《俄狄浦斯在科罗诺斯》。据说他是在狄奥尼索斯戏剧节中获胜最多的悲剧作家，其获胜次数远远超过了埃斯库罗斯（古希腊：Αισχύλος）和欧里庇得斯（古希腊：Ευριπίδης）。

3　应该是 1225 行。

4　西勒尼（Silenus），在希腊神话中，他是酒神狄奥尼索斯的老师与同伴。

的证据，首先可以确定，对于"起初就不要出生"（ἀρχὴν μὲν μὴ φῦναι）这样的形式，罪责并不在于克兰托尔的文字的一种误解，相反，高尔吉亚的那位学生就已经开始使用这样的诗句了：因此，冯·劳易迟吹毛求疵的那个推测，即克兰托尔对后来几乎所有的引用（在早期教父，格言收集者那里，等等）的影响，就失效了。事情的真相是，那几行诗歌时而以"起初"（ἀρχὴν）的形式被引用，时而以"完全"（πάντων）的形式（如在我们的泰奥格尼斯那里一样）被引用，那么对这种情况进行解释时就必定要排除掉冯·劳易迟的那个克兰托尔假定。

　　针对冯·劳易迟我需要强调的第二点是，如果阿尔西达马斯引用了[1]那几行关于荷马的诗歌，那么他是无论如何不会相信这些诗歌的来源是泰奥格尼斯的。在阿尔西达马斯的那个时代，认为这些诗句是古老诗歌的观念无疑就已经存在了；它并不是在稍晚的古典时期或者古典时代末期才被孕育出来的。假如现在，这个学派[2]中的每个人都知道，这几行诗，由五音步诗行[3]拓展而来，在泰奥格尼斯的诗作中也曾经出现过，那么他们自然就只会同意，泰奥格尼斯通过他的修饰和加工，将那古老的共同诗歌财产打上了他个人的烙印：因为在泰奥格尼斯的名下有着无数古老的谚语与格言，而这些谚语与格言的优秀与丰富恰好已经被劳易迟标示了出来。

---

1　In den Mund legen...，在德语中的意思有：1. 补写一些不属于自己的话；2. 去说某种特定的话；3. 引向某个特定的话题。

2　指高尔吉亚所创立的学派，后由阿尔西达马斯所继承。

3　五音步诗行（Pentameter），从希腊语"πεντάμετρος"演化而来。字面意思是五音格律，但其实仍然是六音步。从某种意义上讲，五音步诗行可以说是格律更为严格的六音步诗行。

第三点是，当这里的诗句以"完全"（πάντων）一词开始，而那里的诗句却以"起初"（ἀρχὴν）一词开始时，我意识到了一种确定的思想上的差异；并且只有当这种差异被准确地理解把握之后，才能去猜想，这两种形式的可能性究竟哪一种能在真正的古老的泰奥格尼斯的作品中找到。我们都听说过《欧德谟斯的对话》（*Dialog Eudemus*）[1] 中亚里士多德那个详尽的故事，某种显然是从神的那一侧演化而来的古老的思想，在一种特定的形势下，也会被归溯到西勒尼的身上（参见瓦伦蒂尼·罗斯的《亚里士多德伪书》，61，雅克布·伯尼斯，[2]Rh. Mus. N.F.XVI，236—238）。这里西勒尼被弥达斯[3]询问，在所有能选择的事情中哪一个是最好的（τί τὸ πάντων αἱρετώτατον）（这个问题让人想起了波斯迪普斯[4]《诗选》（*Anthol.*）中的地精，卷 I，13，3：你可以选择的有两样事情，或者不要出生，或者一旦出生就赶紧死掉（ἢν ἄρα τοῖν δυοῖν ἑνὸς αἵρεσις, ἢ τὸ γενέσθαι Μηδέποτ' ἢ τὸ θανεῖν αὐτίκα τικόμενον.），另外可参见斯托巴伊乌斯的《选集》[*Ecl.*] 96）。此外，那位邪魔[5]针对这个问题说，对于人类来说，完全不要出生是最好的

---

1 《欧德谟斯的对话》篇（Dialog Eudemus），全文已经散失，目前只有残篇遗世。据传是亚里士多德早期的作品。这里的欧德谟斯即普勒斯的欧德谟斯（Eudemos von Zypern），他曾是柏拉图的学生，亚里士多德的好友。

2 雅克布·伯尼斯（Jacob Bernays，1824—1881），德国古典语文学家，曾在波恩大学学习语文学。尼采老师里奇尔出走波恩大学，去了莱比锡之后，伯尼斯升任波恩大学教授。后来批评尼采《悲剧的诞生》一书的古典语文学家维拉莫维茨（Ulrich von Wilamowitz-Moellendorff）曾受其较大的影响。

3 弥达斯（古希腊：Μίδας，德：Midas），希腊神话中弗里吉亚的国王。

4 波斯迪普斯（古希腊：Ποσείδιππος，德：Poseidippos），大约生活于公元前 310 年—前 240 年，古希腊诗人，警句作者。

5 这里的邪魔（Dämon）指的是上文提到过的酒神的同伴西勒尼。

（ἀνθρώποις δὲ πάμπαν οὐκ ἔστι γενέσθαι τὸ πάντων ἄριστον.）。可想而知，"完全……最好"（πάντων ἄριστον）的这种回答形式恰好是被这样一个询问最高级的问题引发而来的：在所有能选择的事情中哪一个是最好的（τί τὸ πάντων αἱρετώτατον）。弥达斯寻求这个回答的特殊欲望，他的询问和所采用的强迫手段（构思了诡计捕捉（πᾶσαν μηχανὴν μηχανώμενος））正好让这个最高级的回答形式"完全……最好"（πάντων ἄριστον）变得可理解了。那么在引用了这个形式的古代作家那里，对于那种痛苦的审讯的记忆就浮现在了引用者的灵魂里。谁现在要是看重通常的思想，那么他就不需要一个如此冗余的词"完全"（πάντων），例如，阿莱克西斯：[1]

> 当时许多有才智的人都说
> 最好的事情是不要出生，
> 如果已经出生了，那么就赶紧死掉。
> （οὐκοῦν τὸ πολλοῖς τῶν σοφῶν εἰρημένον
> τὸ μὴ γενέσθαι μὲν κράτιστόν ἐστ᾽ἀεί,
> ἐπὰν γένηται δ᾽ ὡς τάχιστ᾽ ἔχειν τέλος.）

或者伊壁鸠鲁[2]（参见拉尔修[3]X，126，而不是128）：

---

1　阿莱克西斯（希腊语：Ἄλεξις，英：Alexis），古希腊喜剧诗人。据传曾创作了245种喜剧作品，目前只有残片遗世。创作基本上属于中喜剧时期，不过也有证据表明他晚年曾尝试过新喜剧的创作。

2　伊壁鸠鲁（古希腊：Ἐπίκουρος，德：Epikur），古希腊哲学家，伊壁鸠鲁学派的奠基人。享乐主义的代表。

3　第欧根尼·拉尔修（古希腊：Διογένης Λαέρτιος，德：Diogenes Laertios），生活于公元3世纪罗马帝国时代的希腊作家，曾著《哲人言行录》一书，伊壁鸠鲁在该书第十卷。

不出生是美好的

一旦出生了，越快踏入哈得斯的大门越好。

（καλὸν μὲν μὴ φῦναι

φύντα δ' ὅπως ὤκιστα πύλας 'Αίδαο περῆσαι.）

或者巴库利德斯[1]残片 2（fr. 2）别格克：

对于容易死亡之物而言，不去出生

并且不去看那太阳之光，是最好的。

因为在任何时候可朽之人中都没有人能够获得幸福。

（θνατοῖσι μὴ φῦναι φέριστον

μηδ' ἀελίου προσιδεῖν φέγγος.

ὄλβιος δ' οὐδεὶς βροτῶν πάντα χρόνον.）

（我完全赞同劳易迟的看法，将这样的诗行与弥达斯的传说关联起来，是过于草率的，相反的看法可见佛提乌斯[2]的《万书博览》（biblioth.），153，A.）

如果相反，这个句子是借用"起初"（ἀρχὴν）这样的形式被引入的，那么浮现在述说者的灵魂中的东西就会变成完全相

---

1 巴库利德斯（古希腊：Βακχυλίδης，德：Bakchylides），古希腊抒情诗人，大约生活于公元前 5 世纪左右。后来亚里山大港的希腊学者们将其作品视为是新抒情诗的典范。

2 佛提乌斯一世（Photios I.），生活于公元 9 世纪拜占庭帝国时期，曾任君士坦丁堡的主教，是东正教历史上的代表人物。罗马天主教对其有强烈的批评。佛提乌斯一世曾经编著过《万书博览》（Bibliotheca or Myriobiblos）一书。

反的模样。"从一开始最好的东西就是，不要出生"；或者换
句话表达就是"整个的生命就是一种惩罚，并且生而为人从一
开始就是最大的不幸"。彻底地放弃生命的痛苦的同时，也就
放弃了生命自身——起初就不要出生到地面上来，这是最好
的事情（ἀρχὴν μὲν μὴ φῦναι ἐπιχθονίοισιν ἄριστον）：因为从
一开始，诞生就是最大的不幸（μεγίστη συμφορά）。因此，我
们事先就必须要去期待一种关于生命之辛劳的描述，或者，为
了让我们以克兰托尔那个简要解释的评注为依据：生命自身首
次被描述为是磨难与惩罚（τιμωρία）；那么作为这种思想的顶
峰就是，"起初诞生的那个人就是最大的不幸"（καὶ ἀρχὴν τὸ
γενέσθαι ἄνθρωπον συμφορὰν μεγίστην）。我们在这里已经认识
到了一种上述对于生命的评价与一种对于出生的评价之间的关
联，正是"起初"（ἀρχὴν）这个词透露出了一切。因而，我们
可以直接认为，泰奥格尼斯，也就是说是原本的泰奥格尼斯，
在他的哀歌（Elegien）中运用了这样的形式，却在流传被替
换成另外一个词，并且这个词获得了后人的信任，如斯托巴伊
乌斯在《选集》（Floril.）120，3 中所引用的：

泰奥格尼斯
起初就不要出生等等。

（θεόγνιδος
ἀρχὴν μὲν μὴ φῦναι κτλ.）

同样可参见塞克斯都·恩披里柯的《皮浪主义怀疑论纲要》第
3 卷，24，以及《马卡里乌斯》卷 II，45。
　　现在，当我们的泰奥格尼斯的手稿（Theognishdschr）中

有了"完全"（πάντων）一词，而不是那个开始的"起初"
（ἀρχὴν）一词时，我们就必须把"完全"（πάντων）一词认为
是泰奥格尼斯的手笔，是他做出了这最终的安排：即，当他将
那四行诗从一种更大的上下文关系里撕扯下来后，他同时也改
变了"起初"（ἀρχὴν）一词，因为这个词如果没有了那个上下
文关系就失去了它的意义。例如，克莱门斯·亚历山大就采用
了这样一个被拆解的泰奥格尼斯。[1] 因此"完全"（πάντων）一
词最初也是被插入到泰奥格尼斯的作品中的：如我们所看到的
那样，它源自那个古老的西勒尼神话，所有采用这样的形式
"完全就不要出生"（πάντων μὲν μὴ φῦναι）的诗句，都会把这
个神话浮现出来。比如索福克勒斯的《俄狄浦斯在科罗诺斯》
第 1225 行简要地解释了这种变化，"不要出生，它超越了所
有可能的估价，是最好的"（μὴ φῦναι τὸν ἅπαντα νικᾷ λόγον）；
索福克勒斯就考虑到了那古老的西勒尼格言（Silenworte）。波
斯迪普斯也同样如此，参见斯托巴伊乌斯的《选集》98，57：

所有的事情中更值得去选择的是，或者不要出生，
或者出生之后赶紧死掉。
（ἦν ἄρα τῶν πάντων τόδε λώιον ἠὲ γενέσθαι
μήποτε ἠὲ θανεῖν αὐτίκα τικτόμενον.）

同样西塞罗[2] 在《图斯库勒论辩》( Tusc. )，Quaest. I，48

---

1 尼采的意思是说，克莱门斯·亚历山大所引用的诗歌形式是"完全……"
（πάντων... ）。
2 西塞罗（Marcus Tullius Cicero，前106—前43），罗马共和国时期的政治家、哲
学家。

中，也引用了"对于个人来说，最好的事情就是不要出生"
（non nasci homini *longe* optimum）："西勒尼被弥达斯捕获之
后，讲了一则寓言，它是为教育那位国王而书写出来的：对于
个人来说，最好的事情是不要出生，如果出生了，那么次好的
事情就是，赶快死掉"（affertur etiam de Sileno fabella quaedam
qui cum a Mida captus esset, hoc ei muneris pro sua missione
dedisse scribitur docuisse regem non nasci homini longe
optimum esse, proximum autem, quam primum mori）。 在
《自我安慰》（consolatione）[1]一文中，西塞罗也说过同样的话，
参见拉克坦提乌斯[2]《神的指示》（Lactant. *Instit.*）第 III 卷，
19，13。

我们当然可以设想，所有使用了这一想法的引文，都会令
人想起那个关于智慧的古老句子，而不会是一个泰奥格尼斯式
的发明：而同样可以确定的是，谁引用了那六音步诗，[3]就会令
人想起一位古老的诗人，而不是泰奥格尼斯。这恰好证明了，
阿尔西达马斯使用那几行诗的方式：那么，那两行六音步诗绝
对不会以泰奥格尼斯的名义直到古典时代末期才显现出来。

现在，这两行六音步诗已然通行了起来，可是它能以哪
个词开始呢？以"完全"（πάντων）？但是那"完全"（πάντων）
一词只与西勒尼的那份知名言论有关；对于一行所谓的西勒尼

---

1 《自我安慰》（拉：*Consolatio*，德：*Trostschrift*），是西塞罗在女儿去世之后所作，
 已经遗失。
2 拉克坦提乌斯（拉：Lactantius），大约生活于公元 250 至 320 年间，罗马的拉丁
 语雄辩教学家，基督教作家。曾著有七卷本的《神的指示》（Divinae institutiones）
 一书。
3 指上文所提到的符合六音部格律的诗行。

诗歌，我们一无所知：西勒尼言论无疑是散文式的，近似于"不要出生，最好"（μὴ φῦναι ἄριστον πάντων）。那么以"起初"（ἀρχὴν）一词开始？但是这个词却要以一个更大的上下文关系为前提：没有这一更大的上下文关系，那么我们也不能设想，那两行六音步诗的开头是"起初"（ἀρχὴν）。

决定性的因素在于阿尔西达马斯的通报：尽管它并不是如此的明显，让人能够触手可得。为什么荷马在这里会说"起初就不要出生等等"（ἀρχὴν μὲν μὴ φῦναι u.s.w.）呢？我们为这个转变所假定的上下文关系在哪里？在这里，我们必须要强调一下赫西俄德的第一个问题与第二个问题之间的关系，以及荷马的第一个回答与第二个回答之间的关系。首先赫西俄德说：

请快点告诉我，对于终有一死的人类来说最好的是什么？

（εἴπ' ἄγε μοι πάμπρωτα τί φέρτατόν ἐστι βροτοῖσιν;）

然后他又说：

在你心中，你认为对有死者来说最值得喜乐的是什么？

（τί θνητοῖς κάλλιστον ὁίεαι ἐν φρεσὶν εἶναι;）

什么是最好的，并且对于有死者来说，什么才能算得上是最好的？现在，与这个合并起来的问题（Dieser zusammenge-ehörigen Frage）相匹配的是一个联合起来的回答（eine zusammenge-hörige Antwort）。也就是说回答如下：

最好的事情是不要出生到地面上来，

一旦出生了，那么越快踏入哈得斯的大门越好。
当欢笑占据了城邦各个角落
当宴会来宾井然而坐，聆听一位游吟诗人的吟唱，
当他们身旁的宴席上堆满了
食物和肉，而斟酒的侍者从配制酒的器皿中
倒出佳酿并斟满所有酒杯。
我认为，这在我心中便是最值得喜乐的。

( ἀρχὴν μὲν μὴ φῦναι ἐπιχθονίοισιν ἄριστον,

φύντα δ' ὅμως ὥκιστα πύλας Ἀίδαο περῆσαι.

ἀλλ ὅταν εὐφροσύνη μὲν ἔχη κατὰ δῆμον ἅπαντα,

δαιτυμόνες δ' ἀνὰ δώματ' ἀκουάζωνται ἀοιδοῦ

ἥμενοι ἐξείης, παρὰ δὲ πλήθωσι τράπεζαι

σίτου καὶ κρειῶν, μέθυ δ' ἐκ κρητῆρος ἀφύσσων

οἰνοχόος φορέησι καὶ ἐγχείη δεπάεσσιν.

τοῦτό τί μοι κάλλιστον ἐνὶ φρεσὶν εἴδεται εἶναι. )

这合并在一起的八行诗，被希腊人称赞为是"金子一般的诗行"（χρυσοῖ στίχοι），并且阿尔西达马斯针对这些诗行也曾经说过，在他的时代，它们曾经"在公共献祭的日子里，于盛宴和祭酒之前"（ἐν ταῖς κοιναῖς θυσίαις πρὸ τῶν δείπνων καὶ σπονδῶν）被吟唱——这古典时期的祷告（Tischgebet），它的开头令我们想起了埃及狂欢节中被抬着游行的死尸的骷髅（Todtengeripp）。那么现在，我们也就会理解前置"起初"（ἀρχὴν）一词的理由：它暗示了那将要到来之物。从起初开始最好的就是，不要出生或者赶紧去死——这才是最好的。然而，死亡被认为是最好的等等，荷马通过"起初"（ἀρχὴν）一词证明了，他不想停留在那个忧

伤的前置从句[1]之上，他期盼着第二个问题并且准备对其进行回答。而阿尔西达马斯也是以两个问题为理由来使用"金子一般的诗行"（χρυσοῖ στίχοι）的评价的，并且他通过那两个问题将"金子一般的诗行"这样的评价分置。阿尔西达马斯所简略提及的风俗[2]有多古老，我们无法猜测到：泰奥格尼斯或许了解这个风俗，并因而在这样的宴席之上完成了他的诗作，这种情况绝非不可能。那么，正如我们刚刚所尝试的那样，就需要再更为简要地解释一下那被我们认为是源自泰奥格尼斯的"起初就不要出生"（ἀρχὴν μὲν μὴ φῦναι）等等。

现在可以确定的是，这里仍然有些许事物处于可疑的状况，但无论如何我们必须把劳易迟的论断当作反驳的对象，他认为，在斯托巴伊乌斯那里，那两行六音部诗仅仅是由于一个疏忽失误而被放到这个词目"来自缪斯女神的一则哈尔基斯神谕"（ἐκ τοῦ Χαλκιδάμαντος Μουσίου（sic））之下。当然这个论断同样也并不能够阻碍我们，现在去衡量，我们对于"学园"（μουσεῖον）应当做何思考。

在《修辞学》（der Rhetorik）[3]第三卷第 3 节中，亚里士多德为"冷酷呆板"（ψυχρότης）这样的文字风格举例，其中一组例证恰好来自于我们的雄辩学家阿尔西达马斯，亚里士多德显然在最精确的程度上对于阿尔西达马斯的特性有过研究。围

---

1 指诗行的第一句："最好的事情是不要出生到地面上来"，（ἀρχὴν μὲν μὴ φῦναι ἐπιχθονίοισιν ἄριστον.）

2 指上文所提到的，希腊人在公共献祭的日子里会吟诵荷马的那八行诗。

3 《修辞学》（der Rhetorik）是亚里士多德的一部美学著作。全书共分为三卷。第一卷主要讲述修辞学的定义及演说的类别、方式和题材；第二卷主要从听众的情感和性格的角度，来分析论证的方法；第三卷则主要论证文字风格和谋篇布局。

绕着"冷酷呆板的"（ψυχρόν）第三种形式，这种风格的呆板之处在于无节制的使用特征描画，[1] 亚里士多德在提及阿尔西达马斯这位雄辩学家时使用了如下的介绍文字：

> 第三种形式是，对于修饰词的使用要么过于冗长，要么不适宜，要么虽然适宜却使用过于频繁：对于一首诗歌来说"白色的乳液"应该是恰当的，但这样的修饰用在散文中有时就不太恰当，如果使用过多修饰，就会显得作者在致力于将散文变成诗。当然我们不得不使用一些修饰词，以便让我们的风格不落俗套，令人耳目一新。但是我们必须要保持适度，不然这造成的后果会比我们信马由缰地不讲究修饰词要糟糕的多：后者只是一种不好，而前者却在事实上就是一种坏。这也就是为什么阿尔西达马斯所使用的修饰词看起来是如此的索然无味。他不是将修饰词当作肉的佐料来使用，而是直接当成了肉本身，它们是如此的繁多、巨量和突目显眼（雅克布·伯尼斯认为是"明显"[ἐπιδήλοις]），比如，他不说"汗"，而说"潮湿的汗"，不说"去伊斯特米亚竞技会"，[2] 而说"去泛希腊的伊斯特米亚竞技会"，不说"法律"，而说"作为城邦之王的法律"，不说"在竞赛奔跑"，而说"心灵促使他加快脚步"，不说"缪斯的学园"，而说"从缪斯的学园那里继承而来自然造

---

1　特征描画（die Epitheta），修辞学术语，指的是用形容词来描绘某人或某物的性格、特征等等。

2　伊斯特米亚竞技会（古希腊：Ίσθμια，德：Isthmische Spiele），古希腊四大赛事之一。该赛事一般会在奥林匹亚竞技会举办的前一年和后一年举办。

化的学园", 等等。

（τρίτον δ' ἐν τοῖς ἐπιθέτοις τὸ ἢ μακροῖς ἢ ἀκαίροις ἢ πυκνοῖς χρῆσθαι: ἐν μὲν γὰρ ποιήσει πρέπει γάλα λευκὸν εἰπεῖν, ἐν δὲ λόγῳ τὰ μὲν ἀπρεπέστερα, τὰ δὲ, ἂν ἦ κατακορῆ, ἐξελέγχει καὶ ποιεῖ φανερὸν ὅτι ποίησις ἐστίν, ἐπεὶ δεῖ γε χρῆσθαι αὐτῷ · ἐξαλλάττει γὰρ τὸ εἰωθὸς καὶ ξενικὴν ποιεῖ τὴν λέξιν. ἀλλὰ δεῖ στοχάζεσθαι τοῦ μετρίου, ἐπεὶ μεῖζον ποιεῖ κακὸν τοῦ εἰκῆ λέγειν · ἡ μὲν γὰρ οὐκ ἔχει τὸ εὖ ἡ δὲ τὸ κακῶς · διὸ τὰ Ἀλκιδάμαντος ψυχρὰ φαίνεται · οὐ γὰρ ἡδύσματι χρῆται ἀλλ᾽ ὡς ἐδέσματι τοῖς ἐπιθέτοις, οὕτω πυκνοῖς καὶ μείζοσι καὶ ἐπὶ δήλοις（Bernays für ἐπιδήλοις）, οἷον οὐχ ἱδρῶτα ἀλλὰ τὸν ὑγρὸν ἱδρῶτα, καὶ οὐκ εἰς Ἴσθμια ἀλλ᾽ εἰς τὴν τῶν Ἰσθμίων πανήγυριν, καὶ οὐχὶ νόμους ἀλλὰ τοὺς τῶν πόλεων βασιλεῖς νόμους, καὶ οὐ δρόμῳ ἀλλὰ δρομαίᾳ τῇ τῆς ψυχῆς ὁρμῇ, καὶ οὐχὶ μουσεῖον ἀλλὰ τὸ τῆς φύσεως παραλαβὼν μουσεῖον κτλ.）[1]

依据上文所强调的诸种例证，这里，我们需要关注并且研究一下最后一个例证（das letzte），在例证的评价中，我们无法同意约翰·珐雷的观点，[2] 否则我们就会过高地估价他

---

1　该处译文参照了颜一先生的译本，见《亚里士多德全集》第九卷，苗力田主编，北京：中国人民大学出版社，1994 年，501—502 页。

2　约翰·珐雷认为阿尔西达马斯继承了老师高尔吉亚的演说风格，说话讲究简练明快。然而，在亚里士多德《修辞学》一书中，阿尔西达马斯的作品却是过度繁饰的典型。

的论文《雄辩家阿尔西达马斯》（出自维也纳学术研究会的会议报告，1864）的教导。他清除掉了"从……继承而来"（παραλαβὼν）一词的令人反感的成分，关于这个词，弗里德里希·奥古斯特·沃尔夫[1]曾经说过（见《对法特[2]评注的补录》[Auctar. zu Vater's Animadvers]，[3]213），"无论你从哪个方面看，它都很奇怪，尽管我依然不清楚，它是以何种方式植入的"（alienum id est，quocunque trahas，neque tamen quo modo invectum sit video），通过这样的假设，即这个例证和前面的那个例证[4]是关联在一起的，并且亚里士多德也是出于这样的原因，[5]录用了那个通常来说毫无用处的词语"从……继承而来"（παραλαβὼν）（或者是"强迫获得"[περιλαβὼν]）：[6]因而那两个例证就联合了起来并且得出了这样的句子"心灵促使他加快脚步从缪斯学园那里获取了自然造化的学园"（δρομαίᾳ τῇ τῆς ψυχῆς ὁρμῇ τὸ τῆς φύσεως παραλαβὼν μουσεῖον）：约翰·珐雷后来将这句话翻译成"怀着狂飙突进的精神拥抱自然的知

---

1　沃尔夫（Friedrich August Wolf，1975—1824），是一位与歌德同时期的古典语文学家。主要著作有《关于荷马的绪论》（Prolegomena ad Homerum）。

2　法特（Vater）指的是神学家，语言学家 Johannes Severinus Vater。他曾经评注过亚里士多德的《修辞学》。

3　《对法特评注的补录》是沃尔夫写的一篇文章，全名为《对法特亚里士多德评注的补录》（Auctarium ad Vateri Animadversiones Aristotelias），收录在《拉丁语德语短文》（Kleine Schriften in lateinischer und deutscher Sprache），第一卷。该脚注的信息得到慕尼黑大学哲学系 Elmar Treptow 教授的帮助。而下文这一句拉丁语翻译，则得到了苏黎世大学西班牙语讲师 Joaquín Ruano 博士的帮助。

4　前面的例证，指的是上引文中"心灵促使他加快脚步"。

5　这样的原因，指的是引文里最后那个例证和前面那个例证是关联在一起的。

6　参见约翰·珐雷，《雄辩家阿尔西达马斯》，维也纳学术研究会的会议报告，43 卷（Sitzungsberichte，Band 43），1863，494 页。

识财富"，因而，在这里，那惯常的"对于自然本性的科学观察"（ή περì φύσεως ίστορία）很可能是被"自然造化的缪斯学园"（τò τῆς φύσεως μουσεῖον）所替代并且表达了出来。如果这个解释是正确的，那么这个例证就绝对不会属于第三种"冷酷呆板"（ψυχρότης）的范畴，而属于第四种：因为该例证完全与冗长无用的修饰词无关，相反，它涉及的是一个罕见的隐喻。那么，亚里士多德就不可能曾经这样说，"不说'缪斯的学园'，而说'自然造化的'等等"（οὐχì μουσεῖον ἀλλà τò τῆς φύσεως u.s.w.）；当然，首先这句话的前提是，"缪斯的学园"（μουσεῖον）这个词本身就已经足够了，而加上"自然造化的"（τῆς φύσεως）这个修饰词也并没有表达出实质新鲜的东西，相反只不过是增添了冗余之物。珐雷自然也感觉到了这个矛盾，[1]但他却并没有用怀疑他自己的那个假设的方式来解决它，相反，他却怀疑起了这篇文献的流传过程。在第5页他说："最后，这里亚里士多德的否定性词语'不说缪斯的学园'（οὐχì μουσεῖον）与阿尔西达马斯的那个例证并不匹配：因为，如同人们对这种表达一直所解释的那样，当不是每一个学园都是'自然造化的缪斯学园'（μουσεῖον φύσεως）时，那么这个附加词就不是修饰词，而是一个规定词。对于这种对立的质疑，人们或许也可以从移转（der Uebertragung）中更加清楚地感觉到：不是缪斯女神圣殿，而是自然的缪斯女神圣殿。谁综合观察了那些《修辞学》中的阿尔西达马斯的例证，就几乎不会怀疑，不是附加词"自然造化的……"（τῆς φύσεως）不正

---

[1]　即上文提到的亚里士多德将最后一个例证归为第三种形式的"冷酷呆板"：即，使用形容词修饰过度。而不是第四种形式"隐喻"。但是约翰·珐雷却把这个例证理解为是"隐喻"。

确，而是那个罕见的修辞学用语'缪斯的学园'（μουσεῖον）以及那引起亚里士多德指责的改写（Paraphrase）不正确，即'不说缪斯的学园'（οὐχὶ μουσεῖον）一词可能不正确——'不说在竞赛奔跑'（οὐ δρόμῳ）和'不说缪斯的学园'（οὐχὶ μουσεῖον）并不是败坏，而是经过陌生之手的不幸的增补"。[1]

在与珐雷亲密同行走上这条路时，无论如何人们必须去尝试看看，是否真得不能通过对于"缪斯学园"（μουσεῖον）的另外一种解释，来摆脱珐雷的那种结论。我认为"从……继承而来"（παραλαβὼν）一词是亚里士多德的一个用语，而并非是对阿尔西达马斯作品的引用中的一部分："不是'缪斯的学园'（μουσεῖον），而是针对'缪斯的学园'（μουσεῖον）又增添上了'自然造化的……'（τὸ τῆς φύσεως）（作为修饰词）"；因此，主格词"从……继承而来"（παραλαβὼν）是依赖于"不是当作调料来使用"（οὐ γὰρ ἡδύσματι χρῆται）一句的（阿尔西达马斯）。亚里士多德的意思是，"缪斯的学园"（μουσεῖον）已然足够，但是阿尔西达马斯又增添了修饰词"自然造化的……"（τὸ τῆς φύσεως），而这一点则表明了他对无用形容词的使用的过度倾向；在一种确定了的情况里，使用"缪斯的学园"（μουσεῖον）一词就已经讲得足够了，通过增添修饰词"自然造化的……"（τὸ τῆς φύσεως）并没有比使用简单的"缪斯的学园"（μουσεῖον）一词讲述更多或更少的东西。那么，这又会引导我们到达"缪斯的学园"（μουσεῖον）和"自然造化"（φύσις）的何种意义之上呢？

我看到了一条唯一的出路，在这里我们把"缪斯的学

---

1　约翰·珐雷认为，亚里士多德对于阿尔西达马斯的批评，是基于后人对阿尔西达马斯作品的增补。也就是说阿尔西达马斯原初作品十分简练，但经过后人的增补之后，就变得繁饰冗长起来了。

园"（μουσεῖον）视为被固定铸就的和自明的头衔，视为统称书籍中的一个门类的头衔，我们大概会称这样的门类为"教科书（Schule）"。它们是以教学为目的的练习书籍，在一位雄辩家那里，它们自然是"雄辩艺术的教科书"，通篇都是雄辩的准则和范例，规定是为了门徒和求学者的研修。从"缪斯的学园"（μουσεῖον）这个概念向"教科书"概念的转变，显然是体现在以下这样的称呼之中，见柏拉图的《斐德罗篇》（Plat. *Phaedr.*[1]）第 278 页，"宁芙女神[2]的清泉与会所"（τὸ τῶν νυμφῶν νᾶμά τε καὶ μουσεῖον），阿里斯托芬的《蛙》（Aristoph. *Ran.*），[3]93 行，"如燕子一样难听的合唱"（χελιδόνων μουσεῖα），此外这种转变还体现在雅典作为"希腊的缪斯学园"（τὸ τῆς Ἑλλάδος μουσεῖον）的命名中。事实上，它作为书名首先是在柏拉图的《斐德罗篇》第 267 页中显露给我们的，"演讲教学宝典"（μουσεῖα λόγων），[4]这是对阿格里真托人波卢斯[5]的修辞学"教科书"的称呼。同样，阿尔

---

1 《斐德罗篇》（古希腊：*Φαῖδρος*，德：*Phaidros*），柏拉图的主要作品之一，写作时间上大致与《理想国》（古希腊：*Πολιτεία*，德：*Politeia*）、《会饮篇》（古希腊：*Συμπόσιον*，德：*Symposion*）同期，主要是苏格拉底与斐德罗之间的对话。其探讨的主题是爱，除此之外它还探讨了雄辩的方法和实践。

2 宁芙女神（古希腊：νύμφη，德：Nymphe），希腊神话中的精灵，多以少女的样貌出没于泉水，大海，田野和山林。

3 阿里斯托芬的《蛙》（古希腊：*Βάτραχοι*，拉丁：*Ranae*），内容主要是借酒神狄奥尼索斯之名来讽刺悲剧作家欧里庇得斯。

4 需要注意的是，上文的"宁芙女神会所"、"合唱"、"演讲宝库"都使用了"μουσεῖον"或"μουσεῖα"一词。

5 来自阿拉克加斯的波卢斯（古希腊：*Πῶλος*，德：Polos von Akragas），古希腊的智术师、雄辩家，高尔吉亚的学生。阿拉克加斯（Akragas）古希腊城邦，现属于意大利的阿格里真托（Agrigento）省。

西达马斯也曾经以彻底合乎规则的方式，把"缪斯的学园"（μουσεῖον）一词当作书名使用过，只不过用了这么一个矫揉造作的附加词"天才的宝典""自然造化的缪斯学园（或自然造化的教科书）"（τὸ τῆς φύσεως μουσεῖον）。以这种表述方式，阿尔西达马斯的书名恰恰并没有比使用简单的"缪斯的学园"（μουσεῖον）一词时，说出更多的含义，它也只是说明了，这是一本写给门徒的教科书，一本写给求学者的学习手册；阿尔西达马斯的表述是一个修饰，但恰巧又是对一个头衔的修饰，但这个头衔的最为重要的特性却是简洁明了，因而这个修饰就是一种错误，是亚里士多德所警告过的对于修饰词的上瘾。这同样的指责放到波卢斯的身上并不合适："演讲教学宝典"（μουσεῖα λόγων）实质上是要比单纯使用"教学宝典（缪斯宝典）"（μουσεῖα）更为确切。添上"演讲"（λόγων）一词，那么教科书的内容就给了出来，而阿尔西达马斯使用"自然造化的"（τῆς φύσεως）一词，却只不过是把教科书的自明特性告诉给学徒；而与此同时，这本教材所关涉的内容，通观整个书名"自然造化的缪斯学园（或自然造化的教科书）"（τὸ τῆς φύσεως μουσεῖον），也并没有被更多地暗示出来。

此外，亚里士多德之前的那个例证判断，"不说'在竞赛奔跑'，而说'心灵促使他加快脚步'"（οὐ δρόμῳ ἀλλὰ δρομαίᾳ τῇ τῆς ψυχῆς ὁρμῇ），也让我不能同意珐雷的观点，他在这里把"不说'在竞赛奔跑'"（οὐ δρόμῳ）这样的情况也当成是一种"经由陌生之手的不幸增添"而消除。我猜测，雄辩家阿尔西达马斯大概曾说过这样的话："他在急切地朝着目标地奔跑"，并且他不去单纯地说"在竞赛奔跑"（δρόμῳ），而是在权衡之后说了"伴随着灵魂的迫切冲动他奔向了目标地"。

从亚里士多德那里，我们可以凭借想象复原出阿尔西达马斯作品的完整标题，并且对于这应该是一本什么样的"教科书"，我们也已经给出了我们的看法：当然这是一本演讲学教科书。现在，在一本"演讲学教科书"中记载了一段如此详尽的竞赛故事，而这则竞赛故事又是缘起于两位最为古老和最为著名的诗人之间，那么在书中记载这则故事究竟有什么意义呢？我认为只存在一种可能：这场竞赛是阿尔西达马斯的教科书中的一个入门导言，在这本教科书中，通过这个著名的传说范例，高尔吉亚的雄辩术的本质被当作古老的传统而描述了出来。那位最伟大、最智慧的诗人，荷马，作为即兴创作（des Extemporirens σχεδιάζειν）艺术的见证人和代表，他展现了简洁的，使用箴言，说隐语等诸如此类的（διὰ βραχυτάτων, διὰ γνωμῶν, δι' αἰνιγμάτων u.s.w.）演说风格，通过荷马，那位伟大的希腊文化的革新者和发现者，[1] 似乎也就认可了那在一般情况下通行的风俗习惯。珐雷在第 22—24 页，依照高尔吉亚的流程，探讨了，阿尔西达马斯对"即兴作诗"（αὐτοσχεδιασμός）这个词所赋予的何种重要性。依据希腊人的评判，当然应该是荷马，这位即兴作诗（αὐτοσχεδιασμός）的代表，获胜（"并且要求把胜利赐给他，所有的希腊人都认为应该给荷马以桂冠"，（καὶ ἐκέλευον διδόναι τὴν νίκην, οἱ μὲν Ἕλληνες πάντες τὸν Ὅμηρον ἐκέλευον στεφανοῦν），在采策斯那里是，"所有重要的人物和将士们都支持授予荷马桂

---

1 指高尔吉亚。

冠"（οἱ παρεστῶτες πάντες τῶν ἐλλογίμων καὶ στρατιωτῶν τὸν Ὅμηρον ἐστεφάνουν）），而赫西俄德只有借助竞赛裁判者帕尼得斯那众所周知的愚蠢决定才得以加冕桂冠。因此，阿尔西达马斯显然是反对赫西俄德，却偏爱伟大的即兴诗人荷马：他只是为了指明，荷马尽管在这场竞赛（ἀγών）中失利，但他至死都被所有的人致以崇高的敬意，而另一方面，赫西俄德，虽然他赢得了胜利，不久就惹上了一桩不光彩的有伤风化的嫌疑，并成了一场暴力暗杀的牺牲品，阿尔西达马斯补充了两位诗人接下来的命运，作为竞赛（ἀγών）的后记：尽管如此，这场竞赛（ἀγών）仍然是真正的核心，并且后来所有发生的事情都不过是作为这场竞赛的后果显现出来的。它是位于阿尔西达马斯的《教科书》（μουσεῖον）开篇之处光辉杰出的导论片断，是那场竞赛的素描，而这素描被广阔而又机智地实现了。阿尔西达马斯也许使用了一个传统[1]作为这场竞赛的形式，然而演讲内容却必定与这个形式传统无关。整篇文稿展现了讲究修辞与诡辩的风格，就像阿尔西达马斯在这里所杜撰出来的一样。首先是这个问题：对于终有一死之物来说什么是最好的，并且对于他们来说，什么能被考虑为是最好的？然后是对难题（ἀπορίαι）的回答，接着是"模棱两可的箴言"（ἀμφίβολοι γνῶμαι），接着是通过一个新的倍增例证来解答的那个算术例证问题，"有多少希腊人曾经奔赴特洛伊战场？"，再接着是"通过最简洁的言语"（διὰ βραχυτάτων）所解决的一系列伦理

---

1 这个传统指的应该是诗歌竞赛的形式传统。比如荷马与赫西俄德竞赛的具体形式（参见尼采在本文第一节对竞赛形式的论述）。"阿尔西达马斯为这场竞赛的形式所使用的一个传统"，意思是阿尔西达马斯依据某个传统，在《教科书》中为荷马与赫西俄德竞赛确定了一个形式。

问题，最终是"从自己的诗作中选出最好的"（τò κάλλιστον ἐκ τῶν ἰδίων ποιημάτων），所有证据都表明了即兴诗人荷马的沉着果断——这整篇文章泄露了一种高尔吉亚的影响余波——因而，没有什么比别格克曾经所设想的那样，即这所有段落是从一篇古老的史诗中提取出来的一份摘录，更难以置信了。

相比于别格克的设想，我们不如以最为确定的态度宣布，这个荷马与赫西俄德竞赛的唯一实现出来的形式源自于阿尔西达马斯，而只有这个形式浮现于后世，后世才会更精确地说起这场竞赛（地米斯蒂厄斯，菲洛斯特拉托等等）。

现在，那些针对这同一问题所设定的其他猜测，显然与我们上述对《教科书》（*Museum*）的假设，以及对该书与这场竞赛（ἀγών）之间的关系的假设并不协调兼容，当然，对于哪一方的可能性更高，我并没有怀疑。赫尔曼·埻坡在《阿提卡演说家》（*Orat. Att.*）[1] 第 II 部分（T.II），第 155 页猜测道，那著名的乡下谋杀（ἐγκώμιον θανάτου）[2] 也很有可能出自于这本《教科书》，并且那"起初就不要出生等等"（ἀρχὴν μὲν μὴ φῦναι u.s.w.）诗行无疑就是从这本书中摘引而来的。只有不允许它通过引用第二个猜测来佐证，那么埻坡的前一个猜测才有可能是自明的。因为可以确定的是，那几句诗行原本就存在于这场竞赛的叙述中。同样，珐雷的观点也很难说能有多正确，他认为，可能是阿尔西达马斯讲述了赫西俄德之死，而这种观点难一的凭证却仅仅是这句话"这位歌者处身于神明

---

1　《阿提卡演说家》（*Oratores Attici*），是埻坡与瑞士语文学家拜特（Johann Georg Baiter）一起编撰的评注校勘版书籍。

2　指赫西俄德在乡下因为有通奸嫌疑被谋杀。

的护佑之中"。[1] 而需要全然摒弃的则是别格克附带表达出来的猜想，他认为阿尔西达马斯决不是雄辩家，而是一位游记手册的作者，他在描写赫利孔山的圣所[2] 时定然也提及过赫西俄德。别格克在这里（《亚里山大里亚文选》，第 I 卷，21）想起了这样的书名，如"忒斯匹亚人安菲翁《关于赫利孔山上的缪斯学园》的第二本书"（Ἀμφίων ὁ Θεσπιεὺς ἐν δευτέρῳ περὶ τοῦ ἐν Ἑλικῶνι μουσείου），阿特纳伊奥斯[3]629a，或者尼科可拉提斯（Nicocrates）的"关于赫利孔山上的一场竞赛"（περὶ τοῦ ἐν Ἑλικῶνι ἀγῶνος）（Schol. II. IV v.21）。同时，他还想起了在这里欢庆的缪斯节以及一份波奥蒂亚的铭文，据说在这铭文中显现有"赫西俄德的竞赛"（ΑΓΩΝ ΤΩΝ ΕΙΣΙΟΔΕΙΩΝ）一句：这里的"赫西俄德的"（Ἡσιοδεῖα）一词很有可能与"缪斯节的"（Μουσεῖα）一词是一致的。与此相反的看法可参见卡尔·凯尔，[4]《波奥蒂亚铭文汇编》（Syll.inscript.Boeot.），[5]n. XXIII，3，第 94 页。

针对于此我想提及一个想法，这个想法是我在思考下列文字段落时产生的：第欧根尼·拉尔修（Laert.Diog.），第 VIII

---

1　这句诗出自奥古斯特·施莱格尔（August Wilhelm Schlegel）的《阿里翁》（Arion），全句是：他仍然活着，这位音律大师／这位歌者处身于神明的护佑之中。（Er lebet noch，der Töne Meister，Der Sänger steht in heiliger Hut.）

2　赫利孔山的圣所，据说缪斯女神曾群居于此，而赫西俄德儿时也曾经在赫利孔山下放牧。

3　阿特纳伊奥斯（古希腊：Ἀθήναιος，德：Athenaios），生活于罗马帝国时期的希腊作家，演说家。

4　卡尔·凯尔（Karl Keil，1812—1865），德国格言诗作者。

5　《波奥蒂亚铭文汇编》（Sylloge inscriptionum Boeoticarum），卡尔·凯尔编撰的一本颇具史料价值的书。

卷，56，"阿尔西达马斯在他的物理学论文中告诉我们，芝诺[1]和恩培多克勒[2]大约在同一时间都曾是巴门尼德[3]的学生，后来他们离开了他，接着芝诺构思了他的哲学体系，而恩培多克勒却又成为了阿那克萨哥拉[4]和毕达哥拉斯[5]的学生，并进而在生命尊严和仪态上效仿了后者，而在物理探究上则效仿了前者。"（Ἀλκιδάμας δ' ἐν τῷ φυσικῷ φησι κατὰ τοὺς αὐτοὺς χρόνους Ζήνωνα καὶ Ἐμπεδοκλέα ἀκοῦσαι Παρμενίδου, εἶθ' ὕστερον ἀποχωρῆσαι, καὶ τὸν μὲν Ζήνωνα κατ' ἰδίαν φιλοσοφῆσαι, τὸν δὲ Ἀναξαγόρου διακοῦσαι καὶ Πυθαγόρου· καὶ τοῦ μὲν τὴν σεμνότητα ζηλῶσαι τοῦ τε βίου καὶ τοῦ σχήματος, τοῦ δὲ τὴν φυσιολογίαν. ).[6] 那么，在阿尔西达马斯 "物理学论文"（ἐν τῷ

---

1 芝诺（古希腊：Ζήνων，德：Zenon von Elea），大约生活在公元前490— 前430年之间，古希腊哲学家，巴门尼德的朋友和学生。芝诺悖论的提出者。

2 恩培多克勒（古希腊：Ἐμπεδοκλῆς，德：Empedokles），大约生活于公元前495—前435年之间，古希腊哲学家，诗人，演说家。

3 巴门尼德（古希腊：Παρμενίδης，德：Parmenides），大约生活于公元前520— 前455年之间，著名的前苏格拉底哲学家，代表作有教化诗《论自然》。

4 阿那克萨哥拉（古希腊：Ἀναξαγόρας，德：Anaxagoras），公元前499— 前428年，古希腊哲学家，他的思想多是从亚里士多德那里流传下来的。据说他强调精神（nous）的独立性与纯粹性，并试图用 nous 来解释自然界。他的思想对苏格拉底有一定的影响。

5 毕达哥拉斯（古希腊：Πυθαγόρας，德：Pythagoras），大约生活于公元前570— 前510年，古希腊著名哲学家，数学家，毕达哥拉斯学派创始人。恩培多克勒在生卒年月上与毕达哥拉斯没有交集，因而他可能只是曾经投靠过毕达哥拉斯学派，进而研修毕达哥拉斯的思想。

6 该处引文出自于第欧根尼·拉尔修《名哲言行录》第8卷，第2篇：恩培多克勒，本处中译文参考了《名哲言行录》英译本：Diogenes Laertius, Lives of Eminent Philosophers, 8.2. Empedocles http://www.loebclassics.com/view/diogenes_laertius-lives_eminent_philosophers_book_viii_chapter_2_empedocles/1925/pb_LCL185.373.xml。

φυσικῷ）中，能否辨认出"物理学教学论文"（ἐν τῷ φυσικῷ μουσείῳ）这样的题目的缩写与腐坏呢，而这又是否真的可能？也就是说，阿尔西达马斯在《教科书》中谈到恩培多克勒有其特定的原因：依据亚里士多德所提供的资料，恩培多克勒无疑是雄辩术的发明者，并且奇特的是，他还是高尔吉亚的老师。现在不论这个摘要自身是否很值得人信赖（参见岑尔勒[Zeller]，[1]I，第 667 页，第三版），我们都可以猜到，阿尔西达马斯希望通过它来说明什么。他想说明，恩培多克勒进一步成为了雄辩术的发明者，他想在追溯到第一位雄辩家的自我师承序列中，重新发现他的个体发展的步履。恩培多克勒曾经与论辩家芝诺共同生活和学习了一段时间。巴门尼德的诗意抒情以及毕达哥拉斯主义者的庄重举止都同样作为表率给他以影响：也许阿尔西达马斯认为，恩培多克勒原初的雄辩术是由诗意，论辩，毕达哥拉斯式的布道等元素组合而成的。

## 四　阿尔西达马斯笔下的赫西俄德之死

阿尔西达马斯在这场竞赛中给赫西俄德分派了角色，而从这整个角色之上就可以得出这样的结果，即阿尔西达马斯对赫西俄德是反感的，但首先这种反感就体现在这样的信息类型之上，这个信息类型与导致赫西俄德死亡的麻烦有关，阿尔西达马斯把它作为可信的资料展示给了我们；实质上我们是想推论出有这样一种反感存在于一位雄辩家那里，这位雄辩家正是在某种程度上感受到了对于荷马的崇拜，他才会同样地使用荷马的短语和暗示去堆砌自己的风格，而不是去损坏自己的风格，

---

1　岑尔勒（Franz Zeller），德国古典语文学家。

例如，从那经常被使用的词语中可以得出这样的结果，即《奥德赛》很可能就是"人类美好生命的镜像"（καλὸν ἀνθρωπίνου βίου κάτοπτρον）（参见森格布施《荷马论稿前篇》[Homer, dissert.prior]，[1]114）。

在这场竞赛中，阿尔西达马斯自己把赫西俄德定位为发问者展示了出来，这也就是说，作为发问者，赫西俄德对荷马出色的即兴创作能力心怀忌妒，并且一直想给荷马设置新的，危险的问题 ["被荷马得体的言辞所激怒，心怀忌妒"（ἀχθεσθεὶς ἐπὶ τῇ Ὁμήρου εὐημερίᾳ, φθονῶν）]。最终，他只有通过传言里国王帕尼德斯（ψῆφος Πανείδου）那臭名昭著的评判才获得了胜利，而这却与所有在场的希腊人的评判相矛盾。当赫西俄德把"胜利的果实"（ἀπαρχαὶ τῆς νίκης）（不是三足鼎，但很可能是桂冠[2]）献给德尔菲神庙的预言者，预言者提醒他当心"位于内美亚的宙斯的美丽树林"（Διὸς Νεμείου κάλλιμον ἄλσος）：出于害怕，赫西俄德避开了波罗奔尼撒的内美亚，[3] 然而他却对神谕作出了错误的解释，并因此奔向了他的毁灭。他去了西部的洛克里斯农村，并在那里遭遇了一场不光彩的死亡。也就是说，他的东道主的儿子们产生了如下的怀疑，即赫西俄德与他们的姐妹克蒂门娜私通，于是他们就杀了他。现在需要强调的是，依据阿尔西达马斯的描述，那几位兄弟的怀疑是非常正确

---

1 森格布施写过两篇荷马论稿，分别是 1855 年的《荷马论稿前篇》（Homerica dissertatio prior）以及 1856 年的《荷马论稿后篇》（Homerica dissertatio posterior）。

2 赫西俄德在竞赛结束之后已经把胜利奖品三足鼎献给了缪斯。所以这里献给阿波罗的"胜利果实"，很可能只是桂冠。

3 波罗奔尼撒的内美亚（Nemea），在希腊神话中是英雄赫拉克勒斯（古希腊：Ἡρακλῆς，德：Herakles）战胜内美亚雄狮（古希腊：Λέων τῆς Νεμέας，德：Nemëischer Löwe）的地方。

的：因为赫西俄德在事实上也的确诱奸了克蒂门娜。当然，从这里那同样非常简化的关于克蒂门娜的报道中，上述情况不再能够辨认得出：这里只是简单地说着，"他继续在奥伊瑙人中生活了很长时间，直到当地的一些年轻人怀疑赫西俄德诱奸了他们的一个姐妹"（διατριβῆς δ' αὐτῷ πλείονος γενομένης ἐν τοῖς Οἰνεῶσιν（或者更确切的依据 Sauppe 应是 "Οἰνεωνεῖσιν" 一词）ὑπονοήσαντες οἱ νεανίσκοι τὴν ἀδελφὴν αὐτῶν μοιχεύειν τὸν Ἡσίοδον.）。就像曾经被证实的那样，约翰·采策斯使用了较为详尽的原版资料，而我们的弗洛伦萨论文就是从这原版中被创制出来的，采策斯曾经明确地说过："他们把他丢到海里，因为他诱奸了他们的姐妹克蒂门娜，斯特西克鲁斯[1] 就是克蒂门娜所生"（ῥίπτεται εἰς τὴν θάλασσαν ὡς φθείρας τὴν ἀδελφὴν ἐκείνων Κτημένην, ἐξ ἧς ἐγεννήθη ὁ Στησίχορος.）。但是，在稍早之前，采策斯还依据亚里士多德所提供的资料通报说，"《奥克美涅政制》[2] 中说，抒情诗人斯特西克鲁斯是赫西俄德的儿子，他从克蒂门娜那儿诞生，而克蒂门娜是阿姆菲伐瑙斯和嘎努克托尔的姐妹，斐格奥斯的女儿"（ἐν τῆι Ὀρχομενίων πολιτείαι Στησίχορον τὸν μελοποιὸν εἶναί φησιν υἱὸν Ἡσιόδου ἐκ τῆς Κτιμένης αὐτῶι γεννηθέντα τῆς Ἀμφιφάνους καὶ Γανύκτορος ἀδελφῆς, θυγατρὸς δὲ Φηγέως.）。亚里士多德与阿尔西达马斯在名字和事情上不同寻常的一致说明了，如果我们在产生出政体制度（πολιτεῖαι）的城邦服饰（πέπλος）的风俗中，正确

---

1 斯特西克鲁斯（古希腊：Στησίχορος，德：Stesichoros），古希腊抒情诗人，活动于公元前六、七世纪之间，据说是赫西俄德的儿子。

2 《奥克美涅政制》（古希腊：Ὀρχομενίων πολιτείαι，英：the Constitution of Orchomenus），亚里士多德的作品，已逸失。

理解了，摘选汇编（Excerptensammlungen）中所存在的人物角色——那么采策斯或他的保证人（Gewährsmann）就是在如下已讨论颇多的话语中理解该人物角色的，"哲学家亚里士多德，我猜测是他创作了《城邦服饰》一书，他在《奥克美涅政制》中……"（Ἀριστοτέλης ὁ φιλόσοφος, μᾶλλον δ' οἶμαι ὁ τοὺς πέπλους συντάξας, ἐν τῇ Ὀρχομενίων πολιτείᾳ）——最为简单可靠的是，亚里士多德在他的摘选汇编中，就像在其他地方选用希罗多德的文章片段一样，在这里选用了阿尔西达马斯的文章片段。因此，面对那个文学史上意义重大的悖论，去引证亚里士多德的判断，认为斯特西克鲁斯是赫西俄德的儿子，这无疑是愚蠢的，而这种愚蠢最完美地体现在温尔克的身上，他在《希腊文学史简纲》（*Kleine Schrift.*）一书第 1 卷第 152 页中就引证亚里士多德的判断探讨了那个悖论。无论如何，亚里士多德记录了这则要求深思的民间传说，就像斐洛考鲁斯（Philochorus）[1] 也曾经做过的那样，见《赫西俄德〈工作与时日〉评注》（*Schol.ad Hesiod.opp.*）[2] 第 268 诗行："你应该知道赫西俄德的儿子是慕纳森亚斯，[3] 但是斐洛考鲁斯却说他的儿子是斯特西克鲁斯，儿子的母亲是克蒂门娜（通用为"克鲁门娜"一词），另外的说法则是夏蕾佩（通用为"阿尔信佩"一词）"（ἰστέον δὲ ὅτι υἱὸς Ἡσιόδου Μνασέας ἐστί, Φιλόχορος δὲ Στησίχορόν φησι τὸν ἀπὸ Κτιμένης（vulgo "Κλυμένης"）ἄλλοι

---

1　斐洛考鲁斯（古希腊：Φιλόχορος，英：Philochorus），公元前 340 年—前 261 年，古希腊历史学家。

2　即 Scholia ad Hesiodum Opera et Dies 的缩写，指的是关于赫西俄德《工作与时日》的评注和注解。

3　慕纳森亚斯（古希腊：Μνασέας，英：Mnaseas），赫西俄德的儿子。

δὲ Χαριέπης（通用为 [vulgo]"Ἀρχιέπην"），《评注》第 269 行也需要校改。

这则传说表现出了古代世界所严肃对待的东西，也表现出了古代文学史家所严肃对待的东西：并且，当罗斯依据采策斯的估计，来规定那早先已经复述过的出自《奥克美涅政制》一书的亚里士多德的词语，即抒情诗人（τὸν μελοποιόν）[1] 这个措辞时，一种错误就被识别了出来（参见《亚里士多德伪书》，506，"抒情诗人"（τὸν μελοποιόν）一词源自于错误阐释的补充，采策斯）。他看来相信，赫西俄德的儿子斯特西克鲁斯，除了不是那位伟大的抒情诗人以外，可以理解为是一位任何其他的斯特西克鲁斯。但是，古代的人却认为只能是这位抒情诗人：而对那些意识到这种可怕错误的人来说，看来只能拿出这样一种解决路径，即他们承认，虽然这位抒情诗人或许不是赫西俄德的儿子，但肯定应该是他的孙子。这种被新晋学者所忽视的介绍，曾经被西塞罗在《论共和国》（de republica）一书第 2 卷，10 中直接地表达过，然而用的却是一个无限误差遗传下来的句子，幸运的是，特奥多尔·蒙森[2] 敏锐地以如下的方式将这个句子重新组装了起来（Rhein.Mus. N.F. 15，167）：因而可以肯定的是，虽然赫西俄德的生活晚于荷马很多代，但他却早罗慕路斯[3] 很多年。在罗马城创建不久之后，斯特西克鲁斯出生，据说他是赫西俄德的孙子，母亲是赫西俄德的一个女儿（[Hesiodum deinde，quamquam multis saeculis post

---

1  见上文采策斯转引亚里士多德的引文。**抒情诗人**斯特西克鲁斯是赫西俄德的儿子......"

2  特奥多尔·蒙森（Theodor Mommsen，1817—1903），德国古典学家，史学家。

3  罗慕路斯（Romulus），罗马神话中罗马市的建造者之一，生活于公元前 8 世纪。

Homerum fuit，tamen et ipsum constat vixisse ante Romulum. Non multos annos post conditam urbem natus est Stesichor]us，ne[pos hui]us ut di[xeru]nt quidam [e]x filia. )。依据蒙森的估测，西塞罗的这个观点应该归功于阿波罗多罗斯，[1] 依据这个观点，斯特西克鲁斯就是赫西俄德的女儿的儿子。那么，这位女儿叫什么名字呢？我认为，她叫夏蕾佩（Χαριέπης）：因为，只有这样上述引文（《工作与时日评注》第 268 行 )（*Schol. opp.*）才是可理解的，人们并没有校改的必要："斐洛考鲁斯说，斯特西克鲁斯是赫西俄德的儿子，他的母亲是克蒂门娜，依据另外的说法他则是夏蕾佩（Chariepe）的儿子"。这位夏蕾佩是赫西俄德的女儿，恰好也是克蒂门娜的女儿：她作为赫西俄德的孩子在《评注》一书第 269 行被引证了出来，"尽管有人说孩子是慕纳森亚斯，但也有人说是阿尔信佩，[2] 后者的继承人是抒情诗人斯特西克鲁斯"( παῖδα οἱ μὲν Μνασέα, οἱ δ' Ἀρχιέπην, ἕτεροι δέ Στησίχορον τὸν μελῳδὸν ἐξεδέξαντο. )。依据那则传说，赫西俄德的后代显然只能被追溯到那次违逆天理的交往之上，正是这次交往所造成的后果导致了赫西俄德的死亡：这次诱奸的果实要么是斯特西克鲁斯或慕纳森亚斯，要么是一个女儿，夏蕾佩，而她现在又被认为是斯特西克鲁斯的母亲。但同时也存在着这样一种介绍表明，斯特西克鲁斯是赫西俄德的孙子即一个儿子的儿子（nepos ex *filio.* )。那么相应

---

1　阿波罗多罗斯（古希腊：Ἀπολλόδωρος，德：Apollodor），苏格拉底的学生。
2　这里所引用的是《赫西俄德评注·工作与时日》中的诗句，诗句中的阿尔信佩，依据尼采上文所做的校改，应该是夏蕾佩。

的，这里那个女性化的名字阿尔信佩就应该被建构成一个男性化的名字。因而，我就理解了在词书《苏伊达斯》[1]（赫西奇乌斯）[2] 中关于斯特西克鲁斯父亲的富足名录，一些人说斯特西克鲁斯是奥伊弗洛布斯或奥伊费茂斯[3] 的儿子，但另一些人则说是奥伊克莱得斯，或赫伊托斯或赫西俄德的儿子（Στησίχορος Εὐφόρβου ἢ Εὐφήμου, ὡς δ' ἄλλοι Εὐκλείδου, ἢ Ὑέτους ἢ Ἡσιόδου.）。

在整个指定名录中插入赫伊托斯、奥伊恩佩斯（Ὑέτους Εὐέπους），是瓦伦蒂尼·罗斯的一个卓越估测。这位奥伊恩佩斯（Euepes）我认为不是别人，正是夏蕾佩的男性翻版。正是这样一个个名字的细微波动（Schwankungen），如奥伊恩佩斯·夏蕾佩（Euepes Chariepes）、奥伊费茂斯（Euphemos）、夏里费茂斯（Chariphemos）、[4] 伊皮卡斯忒（Epicaste）、[5] 珀吕卡斯忒（Polycaste）、[6] 伊俄卡斯忒（Iocaste）[7] 带领着我们一步步

---

1 苏伊达斯（Suidas），生活于 10 世纪，一位希腊词典编纂者。自 20 世纪 30 年代开始，人们逐渐认识到苏伊达斯这个编纂者并不存在，前人只不过是把词典名 Suidas（Suda）误解成编纂者罢了。

2 词书 Suidas 中引用了许多古代作家的作品，其中就有赫西奇乌斯（Hesychios von Milet）的作品。赫西奇乌斯是生活于 6 世纪的历史学家。

3 奥伊费茂斯（古希腊：Εὔφημος，德：Euphemos），希腊神话中海神波塞冬的儿子，具有在水上自由行走的能力。

4 古希腊的一位游吟诗人。

5 伊皮卡斯忒（古希腊：Ἐπικάστη，德：Epicaste），在希腊神话中至少有四位女性人物是这个名字。其中最为著名的是英雄赫拉克勒斯（古希腊：Ἡρακλῆς）的母亲。

6 希腊神话中的女性名字。比如涅斯托尔（古希腊：Νέστωρ）的女儿，英雄奥德修斯之子帖雷马科（古希腊：Τηλέμαχος）的妻子就叫作珀吕卡斯忒。

7 伊俄卡斯忒（古希腊：Ἰοκάστη，德：Iokaste），希腊神话中的悲剧形象，英雄俄狄浦斯的母亲和妻子。

地进入古希腊的神话与历史。在这场竞赛所传播的谱系之中，荷马的祖先叫奥伊费茂斯（Εὔφημος），然而同样的他在另外的族谱目录中却叫作夏里费茂斯（Χαρίφημος）。对于斯特西克鲁斯，让我们坚持那由夏蕾佩和奥伊恩佩斯所构建的兄妹关系（Geschwisterbeziehung），这样的话，我们现在也可以去解释其他的父亲姓名；奥伊弗洛布斯（Euphorbus），奥伊费茂斯（Euphemus），奥伊克莱得斯（Eucleides）这所有的名字在本质上与奥伊恩佩斯是同一的，这也就是说，是对赫西俄德的一个儿子的命名，而这个儿子后来又成为了斯特西克鲁斯的父亲。只要我们在夏蕾佩和奥伊恩佩斯这两个混合在一起的词语中，紧盯着第二个词 "Euepes"（den Zweiten Theil）观察，就会发现，它是 "歌手（Sänger）" 这个概念的翻转变化，并且同时仿佛是围绕着这固有的轴心 "εὐ" 来回旋转。当奥伊费茂斯（Εὔφημος）作为奥伊恩佩斯（Εὐέπους）的同义词出现时，这个词所表明的内容，几乎就可以估测出来了；但最为清楚不过的是，他的概念曾在这里被表达过，潘[1] 的妻子就时而叫作厄科（Ἠχώ）[2] 时而叫作奥伊菲墨（Εὐφήμη）。在我看来，奥伊弗洛布斯（Εὔφόρβος）这个名字也刻画出了那位杰出歌手的特征：他极可能与词根 φερ[ 如在 "饲料（φορβή）" 等词中 ] 无关，而是像我所猜测的那样，与词根 φρεμ 有关，这一词根在例如 "弦琴（φόρμιγξ）" 一词中就可以被辨认

---

1 潘（古希腊：Πάν，德：Pan），希腊神话中的牧神，主掌森林，田野和羊群。形象极为丑陋，据说是半人半羊。

2 厄科（古希腊Ἠχώ，德：Echo），希腊神话中赫利孔山的水泽女神，大地女神盖亚（古希腊：Γαῖα）众多女儿中的一位。据说是潘的妻子。

出来（库尔提乌斯，[1]《希腊词源学基要》(Etymol.)，第二版，465），因此，这个名字原本的完整形式应该是奥伊弗洛姆布斯（Εὔφορμβος），而后，与 ἐμπίπλημι ἐμπίπρημι 类似，排除了这个字母 μ。因此，奥伊弗洛布斯（Euphorbus）意味着"好的吟唱者"，[2] 弹奏古弦琴（φόρμιγξ）的大师。字母 β 无疑可以从后缀词 fo 中得到解释，库尔提乌斯在例如"喝彩声（θόρυβος）"一词中将这个后缀词辨认了出来，516 页。甚至奥伊克莱得斯（Eucleides）这个名字，在我们看来，最终也是"歌手"这一概念的变体，"该歌手非常之好，值得称赞和夸奖"，同样的意义上，在《工作与时日》的序诗部分，缪斯女神就因歌唱的声望，而被授予在歌唱中赞颂 ἀοιδῇσι κλείουσαι 的任务，而赫西俄德也曾在这种意义上《神谱》32 中谈到自己，"能颂唱例如过去与未来的所有事情"（ὡς κλείοιμι τά τ᾽ ἐσσόμενα πρό τ᾽ ἐόντα.）。

这相应地表明了，所有流传下来的斯特西克鲁斯父亲的名字（或母亲的名字）都与赫西俄德有关联，要么直接关联，即直截了当地称赫西俄德为他的父亲，要么以缓解时代错误的方式，将赫西俄德认定为斯特西克鲁斯的祖父。存在于这两者之间的赫西俄德的孩子的名字摇动不定：但所有的变体都在简要的表达着"歌手"这个概念，该歌手被刻画为是好的演说者，优美的谈话者，优异的弹奏师，以及具有声望的人。如此，我们在这里就接受相类同的东西为真，就像在面对萨福[3] 众多的

---

1　库尔提乌斯（Georg Curtius，1820—1885），德国古典语文学家。曾撰写过《希腊词源学基要》(Grundzüge der griechischen Etymologie) 一书。

2　Εὔ-φορμβος，指竖琴弹得很好的人。

3　萨福（古希腊：Σαπφώ，德：Sappho），生活于公元前 6、前 7 世纪的古希腊著名女诗人。擅长抒情诗。

父亲姓名一样，将这些姓名回溯到少量的或者一个最初的名号之上，好的光亮就因此被制造了出来。

当阿尔西达马斯相信赫西俄德犯了一次诱奸的过错（ἁμάρτημα）时，他并不孤独；[1] 但无论如何他选择了对赫西俄德不利的版本，并且就此还表达了他的反感。因为人们可以选择，自己去评判这个是如此，其他的是那样，帕萨尼亚斯[2]明确地说过（帕萨尼亚斯 IX，31，5），"关于年轻人的那位姐妹，一些人说通奸者另有其人，但罪行却错误地被归咎到赫西俄德的头上，而另一些人则说这桩事迹确实是由赫西俄德所为"（τὴν δὲ ἀδελφὴν τῶν νεανίσκων οἱ μὲν ἄλλου τού φασιν αἰσχύναντος Ἡσίοδον λαβεῖν οὐκ ἀληθῆ τὴν τοῦ ἀδικήματος δόξαν, οἱ δὲ ἐκείνου γενέσθαι τὸ ἔργον.）。现在，当阿尔西达马斯自己将这场罪行记到赫西俄德的头上时，那么传说中的其他对赫西俄德有利的版本，对于阿尔西达马斯来说就是无用且无关紧要的。在这件事情上，赫西俄德的那位米利都的同伴特洛伊鲁斯（Troilus）脱不了干系，对诗人有益的传言对他进行了报道，确切地说是将之当成真正的犯罪者进行了报道，从而，应该是他的名字被抬升到位于达芙努斯河[3]出海口的一块山崖之上，为了纪念，他那被丢入大海之中的尸体在此着陆。阿尔西达马斯对他就像一无所知一样，因而他必然本能地用同情的方式讲述克蒂门娜的兄弟们，因为他们只是对赫西俄德诱奸他们的姐妹进行报复而已。依据他的叙述，那些年轻人至少

---

1　意思是阿尔西达马斯并非是唯一一个相信赫西俄德犯了诱奸的罪行。

2　帕萨尼亚斯（古希腊：Παυσανίας，德：Pausanias），大约生活于公元 115—180 年间，罗马时期的希腊地理学家。著有十卷本的《希腊志》(Ἑλλάδος Περιήγησις)。

3　达芙努斯（Daphnus），古希腊一港口城市，同时也是一条河的名字。

逃脱了他们同乡的怨恨；他们的死不能被归入责骂声中的灭亡。阿尔西达斯让他们向着克里特岛启程，阿尔西达斯无疑认为，到了那里他们的罪行将会被接受，那里依据的是克里特道德，众人崇拜着女性。可是宙斯，作为诗人赫西俄德与游客权力的守护者，必须要毁灭他们：在恶劣的天气中，他们走向了死亡——但是，这无疑就是一次被一位神的飞弹击中的死亡，而不是一次人类的复仇行动或伸张正义。

在其他的虚构创作中，对克蒂门娜的兄弟们的同情则更进一步：在这里那些兄弟们对赫西俄德的谋杀仅仅出于过失，出于无意，是由于夜晚的黑暗而搞错。所以，词书《苏伊达斯》报告说——谁知道，依据的是谁的诗歌——"赫西俄德：他是在安提丰与克蒂门农家作客时死掉的，在深夜里，安提丰与克蒂门农以为他们杀死了那位诱奸他们姐妹的人，但他们却无意地杀死了赫西俄德"（ v. Ἡσίοδοσ. ἐτελεύτησε δὲ ἐπιξενωθεὶς παρ' Ἀντίφῳ καὶ Κτιμένῳ, οἵ ν ὕκτωρ δόξαντες ἀναιρεῖν φθορέα ἀδελφῆς αὐτῶν, ἀνεῖλον τὸν Ἡσίοδον ἄκοντες. ）.[1] 依据这个观点，赫西俄德与那对兄弟一样都是无辜的：这可能应该是欧福里翁[2] 的陈述，他曾创作过一首名为《赫西俄德》的史诗，并且正是在这首诗里，依据别格克的考证，讲述了赫西俄德的死亡。

但是，埃拉托斯特尼在他的诗歌《赫西俄德或安忒里奴

---

1　出自 *Suda*（Suidas）H 583=II p.592 Adler，译文参考英译本：Hesiod. Testimonia. Loeb Classical library，Harvard University Press，154—157. https://www.loebclassics.com.

2　欧福里翁（古希腊：Εὐφορίων，德：Euphorion），生活于公元前 3 世纪，古希腊诗人。

斯》(Ἡσίοδος ἢ Ἀντερινύς)中的描述却展现出了一种极为断然的反对意见，正是这种反对意见导致了阿尔西达马斯所持有的那种倾向性；在这里，所有的罪责都归咎于诗人的身上，依据《伊比库斯之鹤》(der Kraniche des Ibycus)的样板，[1] 与此相对应的是谋杀者的暴行，包括他们的惩罚；然而凭借着相同的道德观点，这罪行与惩罚也移动到了前面的部分。[2] 因此，我们这场竞赛（或它的原型）的创制者做的就很正当，他在阿尔西达马斯的陈述旁边，在阿尔西达马斯的讲述中赫西俄德被设想的是如此之坏，还安置了提纯精练了的埃拉托斯特尼的陈述。该陈述通常会被编辑为（例如在威斯特曼《传记》第42页）："埃拉托斯特尼在《奴隶》[3] 一诗中说，嘎努克托尔的儿子克蒂门农与安提丰出于上述的指控而杀死了[赫西俄德]，他们被预言家奥伊鲁克雷欧斯揭穿，由于触犯了游客法律而牺牲。他补充说，那位女孩，上述人物的姐妹，在她被诱奸之后上吊自杀了，她是被某个陌生人，即赫西俄德的旅游同伴，名叫戴莫德斯的那位诱奸的，据说他也被当地人杀死了"(Ἐρατοσθένης δέ φησιν ἐν Ἀνδραπόδῳ Κτίμενον καὶ Ἄντιφον τοὺς Γανύκτορος ἐπὶ τῇ προειρημένῃ αἰτίᾳ ἀνελθόντας σφαγιασθῆναι θεσμοῖς τοῖς ξενίοις ὑπ' Εὐρυκλέους τοῦ μάντεως. Τὴν μέντοι παρθένον, τὴν ἀδελφὴν τῶν προειρημένων, μετὰ τὴν φωρὰν ἑαυτὴν ἀναρτῆσαι, φθαρῆναι δ' ὑπό τινος ξένου συνόδου τοῦ Ἡσιόδου

---

1 《伊比库斯之鹤》(Die Kraniche des Ibykus)，是席勒1797年所写的一首民谣，取材于古希腊抒情诗人伊比库斯（古希腊：Ἴβυκος）的事迹，据说他在前往伊斯特米亚竞技会的路上被强盗杀死了。

2 即移动到对诱奸者的罪行的惩罚之上。也就是说诞生出了对于谋杀者的同情。

3 诗名应该是《赫西俄德》。

Δημώδους ὄνομα, ὃν καὶ αὐτὸν ἀναιρεθῆναι ὑπὸ τῶν ἀστῶν φησιν.)。这里的"在《奴隶》一诗中（ἐν Ἀνδραπόδῳ）"是巴尔内斯[1] 的一个糟糕的校改：从流传下来的"ἐν ἐνηπόδῳ"一词，别格克和歌特凌已经构造出了正确的"在《赫西俄德》一诗中（ἐν Ἡσιόδῳ）"一词。

在上文所打印出来的埃拉托斯特尼关于赫西俄德之死的报道中，有一对特殊并且早先并没有被辨认出来的贻误，而黑里库斯·史蒂芬努斯就已然需要对这贻误负起责任。人们无疑有资格质问，"出于上述的指控而杀死"（ἐπὶ τῇ προειρημένῃ αἰτίᾳ ἀνελθόντας）这句话到底意味着什么。凶手们究竟要回溯向何处？才能"发现上面所提及的指控"呢？也就是说，为什么出于这个指控，赫西俄德就被谋杀了呢？现在，弗洛伦萨论文呈现出来的完全不是"ἀνελθόντας"一词，而是"ἀνελόντας"[2] 一词：现在借此那正确的思想就能被发现出来。克蒂门农与安提丰，在他们依据某个指控将赫西俄德 —— 即被认定为诱奸了克蒂门娜的人 —— 谋杀掉以后，是被牺牲（或省略）掉了。在这里，将"αὐτὸν"一词插入到"ἀνελόντας"一词之前，无疑是可取的："αὐτὸν"一词在"αἰτίᾳ"一词之后很容易会被遗漏。

但第二点是，在这份手稿[3] 中不是"保护游客的法律（θεσμοῖς τοῖς ξενίοις）"，而是"游客保护神（θεοῖς τοῖς ξενίοις）"；[4] 由此可见，那些犯罪者应该是为了神灵而牺牲，

---

1 巴尔内斯（William Barnes, 1801—1886），德国作家，语文学家。

2 ἀνελόντας，有杀死，废除，埋葬等义。

3 指弗洛伦萨论文。

4 这里的游客守护神是复数，所以指的应该不仅仅是宙斯。

而这些神灵则护佑着游客的权力。我想要弄明白的第三点是，编撰者使用"她在窃贼行为之后上吊自杀了（μετὰ τὴν φωρὰν ἑαυτὴν ἀναρτῆσαι）"一句时在思考着什么；究竟在哪一种窃贼行为之后，这位不幸的安提丰与克蒂门农的姐妹才吊死了她自己？或者人们认为"μετὰ τὴν φωρὰν"可能是"在她被捉住之后"["φωρὰ"依据赫西奇乌斯的说法等同于"被查出私通"（ἔρευνα φώρασις）] 第欧根尼·拉尔修，I，96 是"紧接着她就被发现了（ἐπὶ τῇ φώρᾳ ἀλγεῖν）"（顺便提一下，这句话的重音符号当然是变动的[1]）。但是弗洛伦萨抄本（der codex）却给出了最切近和最可理解的"（在被奸污之后）μετὰ τὴν φθορὰν""在她被诱奸之后"。由此可见，埃拉托斯特尼不会相信克蒂门娜有个孩子。[2]

接下来的诗行仍然包含着两个严重的错误，就像例如在威斯特曼《传记》中所存在的那样，一个错误是在原手稿中被遗漏的，而另一个错误则应该归咎于本恩哈迪的一个不走运的推测。但是，如果没有一个更宽广的文学史背景，它们就无法被证实。

这是特奥多尔·别格克的贡献，他首先证实了埃拉托斯特尼的这首诗歌的存在和内容，这首诗的名字是《赫西俄德或安忒里奴斯》（Ἡσίοδος ἢ Ἀντερινύς）：参见《亚里山大里亚文选》，I，马堡计划（Marburger Programm），1846 年。首先，我要把这补添到别格克的阐述之中，即：必须要着重强调的是，《七位智者的宴会》的作者 —— 现在这可能是普鲁塔克或

---

1　ἐπὶ τῇ φώρᾳ ἀλγεῖν 随着重音符号的变动，也可译为"随后她遭受了劫窃"。
2　如果克蒂门娜在被奸污或者私通被发现之后就死了，那她又怎么会生出来孩子呢？

另外某人——熟知埃拉托斯特尼并且只把他当作自己叙事的借鉴来源，并且在这份报道与我们从《竞赛》一文中所获得的另外的报道之间，存在的并不是这份最为细小的不同。在《七位智者的宴会》c.19中的叙述是这样的："赫西俄德所经历的事是属于人类的并且适合我们谈说，不过想必你已经听说过这个故事了"。"不，还没有听说过，"我说。"但它确实是值得一听的。似乎赫西俄德曾与一位米利都人一同到洛克里斯地区作客并共享住宿，在此期间这位米利都人与房东的女儿私通，当他被发现时，房主全家人都怀疑赫西俄德从一开始就知道这场性犯罪，并且还帮助掩盖它，尽管他是无辜的，但却不公正地遭受到愤怒和偏见的冲击，女孩的兄弟们埋伏在洛克里斯的圣地宙斯神庙的附近，杀死了赫西俄德和他的同伴，该同伴名为特洛伊鲁斯。他们的尸体被丢进大海，特洛伊鲁斯的尸体，被带入了达芙努斯河，并停靠在一块略高于水面的岩石之上，岩石四周是汹涌澎湃的河水。直到今天，人们仍然称这块岩石为特洛伊鲁斯。而赫西俄德的尸体刚丢入海中就直接被一群海豚承载着送往里奥和莫吕克里亚（Molykria）地区，并上了岸。当时，洛克里斯人都欢聚于此地，正在举行周期性的里奥节庆，即使到今天，他们仍然会在此地以一种显眼的方式来庆祝这一节日。当他们发现有尸体漂浮而来时，自然十分惊讶，他们跑向岸边并辨认出了尸体，尸体仍旧新鲜，由于赫西俄德的名声，他们决定首要任务是追查凶手。调查很快就完成了，他们找到了凶手。人们将这些凶手活生生地扔进大海，并把他们的家夷为平地"（Ἀνθρώπινον δὲ καὶ πρὸς ἡμᾶς τὸ ἡμᾶς τὸ τοῦ Ἡσιόδου πάθος, ἀκήκοας γὰρ ἴσως τὸν λόγον. οὐκ ἔγωγ, εἶπον. Ἀλλὰ μὴν ἄξιον πυθέσθαι. Μιλησίου γάρ, ὡς ἔοικεν, ἀνδρός, ᾧ ξενίας ἐκοινώνει καὶ διαίτης ἐν Λοκροῖς, τῇ τοῦ ξένου θυγατρὶ κρύφα συγγενομένου καὶ φωραθέντος ὑποψίαν ἔσχεν ὡς γνοὺς ἀπ' ἀρχῆς καὶ συνεπικρύψας τὸ ἀδίκημα, μηδενὸς ὢν αἴτιος, ὀργῆς δὲ καιρῷ καὶ διαβολῇ περιπεσὼν ἀδίκως. Ἀπέκτειναν γὰρ αὐτὸν οἱ τῆς παιδίσκης ἀδελφοὶ περὶ τὸ Λοκρικὸν Νέμειον ἐνεδρεύσαντες, καὶ μετ' αὐτοῦ τὸν ἀκόλουθον, ᾧ Τρώϊλος ἦν ὄνομα. Τῶν δὲ σωμάτων εἰς τὴν θάλασσαν ὠσθέντων, τὸ μὲν τοῦ Τρωΐλου, εἰς τὸν Δάφνον ποταμὸν ἔξω φερόμενον, ἐπεσχέθη περικλύστῳ χοιράδι μικρὸν ὑπὲρ τὴν θάλασσαν ἀνεχούσῃ, καὶ μέχρι νῦν Τρώϊλος ἡ χοιρὰς καλεῖται. τοῦ δὲ Ἡσιόδου τὸν νεκρὸν εὐθὺς ἀπὸ γῆς ὑπολαβοῦσα δελφίνων ἀγέλη πρὸς τὸ Ῥίον ἐκόμιζε καὶ τὴν Μολυκρίαν. Ἐτύγχανε δὲ Λοκροῖς ἡ τῶν Ῥίων καθεστῶσα θυσία καὶ πανήγυρις, ἣν ἄγουσιν ἔτι νῦν περιφανῶς περὶ τὸν τόπον ἐκεῖνον. Ὡς δὲ ὤφθη προσφερόμενον τὸ σῶμα, θαυμάσαντες, ὡς εἰκός, ἐπὶ τὴν ἀκτὴν κατέδραμον, καὶ γνωρίσαντες ἔτι πρόσφατον τὸν νεκρὸν ἅπαντα δεύτερα τοῦ ζητεῖν τὸν φόνον ( fort. φονέα ) ἐποιοῦντο διὰ τὴν δόξαν τοῦ Ἡσιόδου. καὶ τοῦτο μὲν ταχέως ἔπραξαν, εὑρόντες τοὺς φονεῖς · αὐτούς τε γὰρ κατεπόντισαν ζῶντας καὶ τὴν οἰκίαν κατέσκαψαν. )。[1]

但是，依据本恩哈迪的推测（埃拉托斯特尼，241 页），当在《竞赛》一文中的报道被打印为 "据说他也被当地人杀死了（ὃν καὶ αὐτὸν ἀναιρεθῆναι ὑπὸ τῶν ἀστῶν φησιν ）"（"埃

---

[1] 本处译文参考了英译本：Plutarch, *Banquet of the Seven Sages*. Translation by S. Burges Watson, Living Poets ( Durham, 2014 ), https://livingpoets.dur.ac.uk/w/ Plutarch, _Banquet_of_the_Seven_Sages_162c?oldid=2559。

拉托斯特尼" Ἐρατοσθένης）之时，我们就毫无困难地获悉了该报道的一个差异。这流传下来的"被当地人（ὑπὸ τῶν ἀστῶν）"等词与《宴会》一文中的详尽叙事是完全一致的。嘎努克托尔（Ganyctor）的儿子们连同他们的协助者一起杀死了赫西俄德。我并不认为，有什么能迫使我们通过一个推测就破坏掉这样一种和谐。[1]

　　相应，一位读者在对比这两篇文稿时就会发觉一个事实上的人名差异。在这一点上，依据《宴会》一文的报道，赫西俄德的伙伴叫作特洛伊鲁斯，这个名字确切地说，如那份完整叙事所记载的，是为了持续地纪念（καὶ μέχρι νῦν）而被赋予到一块岩石之上的，这块岩石位于达芙努斯河之中，处于它的出海口之处。然而，这位伙伴的另一个名字却已然为其自身招来了一些猜疑；在一个所有细节都被确定的传统所固定的叙事中，特洛伊鲁斯所处的位置上，引人注目的却是一个叫作戴莫德斯（Δημώδης）的名字。但是在古希腊时期根本就没有一个叫戴莫德斯的名字。那么，戴莫德斯（Δημώδους）[2]这个词与"赫西俄德的旅游同伴戴莫德斯（ὑπό τινος ξένου συνόδου τοῦ Ἡσιόδου Δημώδους）"这句话结合在一起，难道不应该是更准确和更自然地起着形容词的作用么：借此表述出来的意思是，赫西俄德的同伴是一个无足轻重的人，一个普通人。

---

1　指用推测破坏上文所提到的《竞赛》一文与《宴会》一文之间的一致性，即：两个文献都认为嘎努克托尔的两个儿子克蒂门农与安提丰在杀害赫西俄德时是有同伴的，也就是说其他的当地人也参与了这场谋杀。

2　Δημώδης 在古希腊语中是形容词，意思是平民的，公众的，普通的。在这里尼采是想证明，Δημώδους 在下述句子中并不是一个人名，而是一个形容词，表示赫西俄德的旅游同伴是个无足轻重的小人物。

　　相应的我想再猜测说，特洛伊鲁斯这个名字只是出于一个疏漏而在《宴会》一文的报道中遗失了，因而这句话真正的和原初的形式应该是：

　　"被赫西俄德的旅游同伴，一个叫作特洛伊鲁斯的普通人诱奸了（φθαρῆναι δ᾽ ὑπό τινος ξένου συνόδου τοῦ Ἡσιόδου Δημώδους Τρωΐλου ὄνομα）"。跟在"ΔΗΜωΔΟΥϹ"一词之后的"ΤΡωΙΛΟΥ"可能遗漏了，这无疑是清楚明了的。

　　现在，我们铭记住了传说中的埃拉托斯特尼的文稿，因此那个差异点就首先必须被确实，那同样的传说在阿尔西达马斯那里呈现如下（第18页，ed.m.）："他继续在奥伊瑙人中生活了很长时间，直到当地的一些年轻人怀疑赫西俄德诱奸了他们的姐妹，便杀死了他，随后又将之丢入埃维亚岛和洛克里斯之间的大海。然而，尸体却在第三天被海豚带到了大地之上，而那时当地正在举办一些祭祀阿里阿德涅的庆典，于是所有的人都跑到了岸边并且辨认出了尸体，他们哀悼并埋葬了它，接着开始寻找凶手。那些年轻人害怕同乡们的愤怒就驾驶了一艘渔船出海逃向克里特，在他们航行的半途，宙斯用雷电击沉了他们，就像阿尔西达马斯在他的《教科书》中所说的那样"（διατριβῆς δ᾽ αὐτῷ πλείονος γενομένης ἐν τοῖς Οἰνεωνεῖσιν ὑπονοήσαντες οἱ νεανίσκοι τὴν ἀδελφὴν αὐτῶν μοιχεύειν τὸν Ἡσίοδον, ἀποκτείναντες εἰς τὸ μεταξὺ τῆς Εὐβοίας καὶ τῆς Λοκρίδος πέλαγος κατεπόντισαν· τοῦ δὲ νεκροῦ τριταίου πρὸς τὴν γῆν ὑπὸ δελφίνων προσενεχθέντος, ἑορτῆς τινος ἐπιχωρίου παρ᾽ αὐτοῖς οὔσης Ἀριαδνείας πάντες ἐπὶ τὸν αἰγιαλὸν ἔδραμον καὶ τὸ σῶμα γνωρίσαντες ἐκεῖνο μὲν πενθήσαντες ἔθαψαν, τοὺς δὲ φονεῖς ἀνεζήτουν. οἱ δὲ φοβηθέντες τὴν τῶν πολιτῶν ὀργὴν,

κατασπάσαντες ἁλιευτικὸν σκάφος διέπλευσαν εἰς Κρήτην·
οὓς κατὰ μέσον τὸν πλοῦν ὁ Ζεὺς κεραυνώσας κατεπόντωσεν,
ὥς φησιν Ἀλκιδάμας ἐν Μουσείῳ.）。采策斯在《赫西俄德生
平》第49页，威斯特曼（Westerm.）校编版中的记载是："他
避开了波罗奔尼撒的内美亚，在洛克里斯地区的奥伊瑙被斐
格奥斯的儿子，阿姆菲伐瑙斯和嘎努克托尔杀死，并且丢入
大海，原因是他引诱了他们的姐妹克蒂门娜，而斯特西克鲁
斯就是由她所生。奥伊瑙被称为是宙斯的内美亚圣地。三天
后，赫西俄德的尸体被海豚带到洛克里斯和埃维亚之间的岸
上，洛克里斯人将他埋葬在内美亚的奥伊瑙。杀害他的凶手试
图逃亡，他们登上了一艘船，却在风暴中走向毁灭"（ὁ δὲ τὴν
ἐν Πελοποννήσωι Νεμέαν φυγὼν ἐν Οἰνεῶνι（cod. οἰώνη νοινῶ
ἡ）τῆς Λοκρίδος ὑπ' Ἀμφιφάνους καὶ Γανύκτορος, τῶν Φηγέως
παίδων, ἀναιρεῖται καὶ ῥίπτεται εἰς τὴν θάλασσαν ὡς φθείρας
τὴν ἀδελφὴν ἐκείνων Κτημένην, ἐξ ἧς ἐγεννήθη ὁ Στησίχορος.
ἐκαλεῖτο δ' ἡ Οἰνόη（ὁ Οἰνεῶν）Διὸς Νεμείου ἱερόν. μετὰ δὲ
τρίτην ἡμέραν ὑπὸ δελφίνων πρὸς τὸν αἰγιαλὸν ἐξήχθη τὸ σῶμα
μεταξὺ Λοκρίδος καὶ Εὐβοίας, καὶ ἔθαψαν αὐτὸν Λοκροὶ ἐν
Νεμέαι τῇ τῆς Οἰνόης（τοῦ Οἰνεῶνος）. οἱ δὲ φονεῖς αὐτοῦ νηὸς
ἐπιβάντες ἐπειρῶντο φυγεῖν, χειμῶνι δὲ διεφθάρησαν.）。[1]

　　无疑，与埃拉托斯特尼的文稿相比，这里的凶手姓名有
所不同，凶手在这里叫作阿姆菲伐瑙斯和嘎努克托尔，是斐
格奥斯的儿子：相反，在埃拉托斯特尼那里凶手却是嘎努克

---

1　该处引文出自《赫西俄德生平》（9—10节），翻译参照了英译版：Tzetzes, *Life
　of Hesiod*（9—10）, *Living Poets*（Durham, 2014）, https://livingpoets.dur.ac.uk/w/
　Draft:Tzetzes, _Life_of_Hesiod_v2。

托尔（或 "嘎努克斯" Γάνυξ，如他曾经在讲述时所展现的一样，别格克，第 I 卷，c. 18）的儿子们，克蒂门农与安提丰。这显然意味着：依据阿尔西达马斯，赫西俄德的生平将会向着更老的一代推移；埃拉托斯特尼的赫西俄德与阿尔西达马斯的赫西俄德相比，在生活上大约要晚三十年。埃拉托斯特尼认为他的赫西俄德曾经是和斐格奥斯的孙子们生活在一起的。现在不需要去探究，凶手的姐妹在埃拉托斯特尼那里是否也叫作克蒂门娜（Κτημένη），或者在这里她究竟有没有一个名字。无论如何，在埃拉托斯特尼那里显现的一位兄弟的名字是依据着克蒂门娜的名字构造出来的：因此，克蒂门娜（Κτημένη）这个名字之于克蒂门农（Κτίμενος），就如同之前所讨论过的阿尔信佩（Archiepe）之于一个男性化的名字阿尔信佩斯（Archiepes）。——顺便说一下，瓦伦蒂尼·罗斯的《亚里士多德伪书》第 506 页是不对的，他想和卫忒巴赫[1]一起，将所有的克蒂门娜（Κτημένη）名字改为克鲁门娜（Κλυμένη）：关于这处考证的必要性，别格克已经在《亚里山大里亚文选》第 26 页 adn. 所有阐述，并且这个在其他地方也已然出现过的同一姓名，可通过《奥德赛》15 卷，362 诗行得到证明："因为她曾把我同她最小的孩子，高贵的女儿，穿着长裙的克蒂门娜[2]一同养大（οὕνεκά μ' αὐτὴ θρέψεν ἅμα Κτιμένη τανυπέπλῳ, θυγατέρ' ἰφθίμη, τὴν ὁπλοτάτην τέκε παίδων）"。可以说那曾经出现过的克鲁门娜（Κλυμένη）——作为斯特西克鲁斯母亲的名字——在《赫西俄德评注·工作与时日》一书第

---

1　卫忒巴赫（Wyttenbach），指的应该是瑞士语文学家丹尼尔·卫忒巴赫（Daniel Wyttenbach, 1746—1820）。

2　联系上下文，这里出现的名字应该是克鲁门娜（Κλυμένη）。

188 行 "斐洛考鲁斯说是斯特西克鲁斯，他的母亲是克鲁门娜（Φιλόχορος δὲ Στησίχορόν φησι τὸν ἀτὸ Κλυμένης）" 中被校改为克蒂门娜（Κτίμενης）。——此后，嘎努克托尔（Γανύκτωρ）这个名字在阿尔西达马斯那里以令人注目的方式出现了两次：一次称他为阿姆菲达马斯（Amphidamas）的儿子，如："在这段时间里，嘎努克托尔正在为父亲埃维亚国王阿姆菲达马斯置办丧礼（κατὰ δὲ τὸν αὐτὸν χρόνον Γανύκτωρ ἐπιτάφιον τοῦ πατρός Ἀμφιδάμαντος βασιλέως Εὐβοίας ἐπιτελῶν）"；[1] 接着，如我们所见，是斐格奥斯的儿子：因此，赫西俄德是通过 "墓前竞赛"（ἀγὼν ἐπιτάφιος）的主办者嘎努克托尔才赢过荷马的，并且再次又通过一位嘎努克托尔而走向死亡，这一组对立，很可能已被某一个曾令人徒劳的神谕的模棱两可所暗示。

　　阿尔西达马斯的报道的一个引人注目的特殊性在于这句话："然而，尸体却在第三天被海豚带到了大地上（τοῦ δὲ νεκροῦ τριταίου πρὸς τὴν γῆν ὑπὸ δελφίνων προσενεχθέντος）"。像它所说，这具尸体在第三天才着陆呢，还是如采策斯所言是 "三天之后（μετὰ τρίτην ἡμέραν）" 呢？依据埃拉托斯特尼的说法——如果《宴会》一文是依据他的说法而讲述的话——这具尸体在被丢入大海之后，马上就被海豚所接纳并且以一种庄严的队列向着里奥移送 ["直接被一群海豚所承载（εὐθὺς ἀπὸ γῆς ὑπολαβοῦσα δελφίνων ἀγέλη）"]。从奥伊瑙（Oeneon）地区的内美亚（Nemeion）向山岭地区里奥的移动最低限度地被表述为大约三天的行程：因为只有少量的时间才

---

1　出自《荷马与赫西俄德竞赛》（*Certamen Homeri et Hesiodi*），ed. T.W. Allen，Homeri opera，第 62—64 行。

能表现出这次移动的紧急。但是，谋杀应该是在内美亚而并非
其他什么地方实施的，这我们可以从那则警告赫西俄德的神谕
中得出，而这则神谕自然被阿尔西达马斯在早前已直接道出。
修昔底德也曾经提到过这则有着相同的地点的神谕，III，96，
"他曾与他的军队在内美亚的宙斯神庙附近露营，据说诗人赫
西俄德在这里依据神谕而被当地人杀死，神谕说此事会在内美
亚发生在诗人的身上（αὐλισάμενος δὲ τῷ στρατῷ ἐν τοῦ Διὸς
τοῦ Νεμείου τῷ ἱερῷ, ἐν ᾧ Ἡσίοδος ὁ ποιητὴς λέγεται ὑπὸ τῶν
ταύτῃ ἀποθανεῖν, χρησθὲν αὐτῷ ἐν Νεμέᾳ τοῦτο παθεῖν.）"。[1]
由此可见，对于这样一个明确定位了的事件，根本不可能想
象，这场谋杀会出于疏漏而被错置到洛克里斯东部地区，就
像瓦伦蒂尼·罗斯在《亚里士多德伪书》第 511 页所设想的
那样，"看来是阿尔西达马斯将赫西俄德的死与东洛克里斯地
区（恩披克内密底）[2] 联系了起来（Alcidamas qui ad Epicnemidios
Hesiodi mortem retulisse videtur）"。（康莱德·布尔思安[3] 在《希
腊地理》（Geogr. v. Griech.）第 I 卷 148，也曾提到过人们对洛
克里斯东部地区与西部地区的混淆。）

　　当赫西俄德的尸体在谋杀之后被立即丢入大海之时，依据

---

1　修昔底德，《伯罗奔尼撒战争史》，第 3 卷，96，1。

2　Locri Epicnemidii，有时亦称 Opuntian Locris，即东洛克里斯地区（Östlicher
　　Locris）。

3　康莱德·布尔思安（Conrad Bursian，1830—1883），德国语文学家、考古学家。
　　曾经是奥托·雅恩（Otto Jahn）的学生，后任教于莱比锡大学、图宾根大学、苏
　　黎世大学、耶拿大学以及慕尼黑大学，曾著有两卷本的《希腊地理》（Geographie
　　von Griechenland）。值得一提的是，正是奥托·雅恩在波恩大学与尼采老师里奇
　　尔的人事争执，导致里奇尔出走莱比锡，最终导致有着优良传统的波恩古典语文
　　学派的瓦解。

神话的本质，那些海豚，诗人的朋友和海神波塞冬的仆人，为了运送尸体，应该是马上就游到了此处。但为何这尸体要在第三天或三天以后才能够到达岸上呢？又或者，如果这庄严的尸体运送队伍需要以最为缓慢的时间度量来向前行进，那么为何从内美亚到里奥的旅程又只需要花费三天呢？简而言之，我们必须设想，这具尸体不是立即被丢入大海，而是在凶杀后的第三天被丢入大海的。那么现在，在它被丢入大海之前的这段时间里，究竟发生过什么事情呢？显然，这段时间上的间隙也以一种并非无用的方式被那传闻所吸收：从此处的这个间隙上可以发现那个情节片段里的一些特征（episodischer Züge）。首先，我们要将那些与这情节片段里的特征有关的段落整理到一起。

波鲁克斯 [1] 在《词典》第 V 卷 42 页中记载："赫西俄德的狗在他被谋杀之后就陪伴着他，并通过它们的叫声，将凶手指认了出来 [οἱ δὲ Ἡσιόδου（κύνες）παραμείναντες αὐτῷ ἀναιρεθέντι κατήλεγξαν ὑλακῇ τοὺς φονεύσαντας]。这里，一个场景被公开地提了出来，当赫西俄德的尸体还在陆地上的时候，这个场景必然是出现过的：赫西俄德的狗陪伴着那具尸体并且通过它们的叫声暴露了杀死赫西俄德的凶手。此外，普鲁塔克在《论动物的聪明》（de sollert.animal.）[2] 一文中对此也有唱和 [ 不同之处在于，前者说的是"复数的狗"（κύνες），而后者在这里的所谈论的却只是赫西俄德的"一只狗"（κύων）]，在这篇

---

1 波鲁克斯（Iulius Pollux），生活于公元 2 世纪的希腊学者，曾编撰有十卷本的《词典》（Onomastikon）。该书已经遗失。下面所引的那句话收录在该词典的第 5 卷，42 条，词条名为"著名的狗"（κύνες δ᾽ ἔνδοξοι）。

2 《论动物的聪明》（De Sollertia animalium），收录在《道德小品》一书中。

文稿中的唱和要处理的是这个问题，"陆地动物与海洋动物哪一类更聪明（πότερα τῶν ζώων φρονιμώτερα, τὰ χερσαῖα ἦ τὰ ἐνύδρα）"；第 13 节"据说赫西俄德的那只聪明的狗也做了同样的事情，它指认出了杀害赫西俄德的凶手，纳夫帕克托人嘎努克托尔的儿子们（ταὐτὰ δὲ καὶ τὸν Ἡσιόδου κύνα τοῦ σοφοῦ δρᾶσαι λέγουσι, τοὺς Γανύκτορος ἐξελέγξαντα τοῦ Ναυπακτίου παῖδας, ὑφ' ὧν ὁ Ἡσίοδος ἀπέθανεν）"。第 36 节"你，我的朋友，合乎时宜的令我们想起了赫西俄德的故事，但是你并没有成功地接近故事的结尾。当你谈论赫西俄德的狗的时候，你不应该遗忘掉那些海豚，当尸体漂浮在内美亚附近的海面时，如果那些海豚没有捡起它，并热心地分成一组一组地来运送它直到里奥的岸上，让人们发现这个男人是被刺杀的，那么狗所给出的信息，即狗对着凶手狂吠所给出的信息，就是毫无意义的（Ἡσιόδου δὲ κατὰ καιρὸν αὐτὸς ἡμᾶς, ὦ φίλε, ἀνέμνησας, ἀτὰρ οὐ τέλος ἵκεο μύθων · ἔδει δὲ τὸν κύνα αἰτησάμενον μὴ παραλιπεῖν τοὺς δελφῖνας · τυφλὸν γὰρ ἦν τὸ μήνυμα τοῦ κυνός, ὑλακτοῦντος καὶ μετὰ βοῆς ἐπιφερομένου τοῖς φονεῦσιν, περὶ τὸ Νέμειον θαλάσσῃ διαφερόμενον ἀράμενοι δελφῖνες, ἕτεροι παρ' ἑτέρων ἐκδεχόμενοι προθύμως, εἰς τὸ Ῥίον ἐκθέντες ἔδειξαν ἐσφαγμένον）"。[1] 显然从这里一方面可以看出，普鲁塔克是依据埃拉托斯特尼的文稿来叙述的；他认定凶手是嘎努克托尔的儿子们，这与阿尔西达马斯不同。[2] 另一方面，从这样的一个翻转"但是你并没有成功地接近故事的结尾（ἀτὰρ οὐ

---

1 该处译文参考了英译本：De sollertia animalium, Ps.-Plutarch, as published in Vol. XII of the Loeb Classical Library edition, 1957. c.13; c.36。

2 阿尔西达马斯认为凶手是嘎努克托尔和他的兄弟。

τέλος ἵκεο μύθων）"之中可以推断出，在这则传闻中首先出现的是狗，然后才是海豚群。那只狗狂吠着冲向凶手；然而却没有人知道，它们想干什么，"狗所给出的信息是毫无意义的（τυφλὸν ἦν τὸ μήνυμα τοῦ κυνός）"——但是凶手们却陷入到了恐惧之中，害怕被发现。现在，如果这条狗与赫西俄德的尸体呆在一起，并且它又一直持续不断地朝着凶手们狂吠，那么我们就必须设想，凶手在前面背着这具尸体，想把它藏匿到哪里：在这一过程中，那条忠诚的狗不间断的叫声就一直陪伴着他们。出于恐惧他们最终把尸体丢进大海。

现在，在奥伊瑙附近的谋杀发生了，但帕萨尼亚斯则认为地点是纳夫帕克托（Naupactus），在这里克蒂门农与安提丰亵渎了海神波塞冬，这也就是说他们在这里将赫西俄德的尸体丢入大海，《希腊志》第九卷（Buch IX），31，"人们都认为嘎努克托尔的儿子，克蒂门农与安提丰在谋杀了赫西俄德之后，从纳夫帕克托逃向莫吕克里亚，人们认为他们在那里得罪了波塞冬，并且在莫吕克里亚获得了他们应有的惩罚（ὅτι μὲν γὰρ οἱ παῖδες τοῦ Γανύκτορος Κτίμενος καὶ Ἄντιφος ἔφυγον ἐς Μολυκρίαν ἐκ Ναυπάκτου διὰ τοῦ Ἡσιόδου τὸν φόνον, καὶ αὐτόθι ἀσεβήσασιν ἐς Ποσειδῶνα ἐγένετο τῇ Μολυκρίᾳ σφίσιν ἡ δίκη, τάδε μὲν καὶ οἱ πάντες κατὰ ταὐτὰ εἰρήκασι）"。[1] 那么让我们做出如下猜想，凶手们将赫西俄德的尸体从奥伊瑙转移到纳夫帕克托：转移过程中，那条狗一直跟随着他们。他们做了各式各样的尝试，去藏匿这具尸体，但却失败了：当他们把尸

---

1　该处译文参考英译本：Pausanias. *Pausanias Description of Greece*, Translation by W.H.S. Jones, Litt.D., and H.A. Ormerod, M.A., in 4 Volumes. Cambridge, MA, Harvard University Press; London, William Heinemann Ltd. 1918.（9.31-6）。

体丢入大海之后，他们自己就朝着莫吕克里亚逃跑——埃拉托斯特尼对此几乎没有做过什么构想，因而凶手们是处在同一地点和位置，只为了当下能够被献祭给游客保护神。而阿尔西达马斯则相反，他无疑就此讲述了很多，当凶手们被那条狗跟踪着、曝光着的时候，他们无法藏匿这具尸体，只有将它丢入大海，然后他们马上乘船，朝着克里特岛出发，为的是能从他们的同乡们的愤怒面前逃跑。

　　如果这个描述是正确的话，那么普鲁塔克的文字就需要以另一种方式断句，即：狗叫着并尾随着凶手狂吠跑遍了内美亚，最终海豚捡起了漂浮在海面上的尸体（ὑλακτοῦντος καὶ μετὰ βοῆς ἐπιφερομένου τοῖς φονεῦσι περὶ τὸ Νέμειον, θαλάσσῃ διαφερόμενον ἀράμενοι δελφῖνες）。[1] 因为尸体并不是在内美亚附近被丢入大海的，而是在纳夫帕克托。显然，在内美亚的过程和秘密地运送尸体到纳夫帕克托的过程占满了第一天，第二天以及第三天的部分时间；详尽地描述就是，他们尝试了各种各样的办法去藏匿尸体，但并没有成功，并且危险还在不断地滋长，直到凶手们最终必须决定，将尸体丢入大海。他们无疑知道——这种行为是亵渎神灵的。因为一场盛大的礼赞波塞冬的节日正要在里奥举行，在这段日子里，大海的洁净绝对不允许被一具尸体所污染。但是，这恰好就是他们的劫难：他们被那条离奇的狗所刺激，最终，不得不经过慎重考虑之后，犯下了一条亵渎神灵的大罪。还需要提一下的是，波塞冬的一处圣地就位于纳夫帕克托的海滨（帕萨尼亚斯，第 X 卷，38，

---

1　这样的断句，让普鲁塔克的上述文字含义大不相同。尸体并不是在内美亚附近的海域出现，而是凶手被赫西俄德的狗追踪着慌不择路地跑遍了内美亚，无计可施，最终不得不将尸体丢入大海（此时凶手已经到了纳夫帕克托）。

12）；显然，在圣地的附近更是加重了亵渎神灵的罪行。

因此，赫西俄德的尸体是在纳夫帕克托附近被丢入大海的；这种讯息应该也存在于《竞赛》一文那被严重损坏的段落里：杀死了他随后又将之丢入埃维亚岛和洛克里斯之间的大海（ἀποκτείναντες εἰς τὸ μεταξὺ τῆς Εὐβοίας καὶ τῆς Λοκρίδος πέλαγος κατεπόντισαν）。这种损坏（Die Verderbniss）很古老，因为甚至采策斯都已经知道它了，如他以一种笨拙的方式，将案件形势集合如下：三天后，海豚将那被丢入洛克里斯和埃维亚之间的大海的赫西俄德的尸体带到了岸上（μετὰ δὲ τρίτην ἡμέραν ὑπὸ δελφίνων πρὸς τὸν αἰγιαλὸν ἐξήχθη τὸ σῶμα μεταξὺ Λοκρίδος καὶ Εὐβοίας）（这里无疑遗漏了一个字，很可能是"κατεπόντισθέν"或者其他与之相似的什么词）。由此可见，采策斯无论如何已经读出了这个损坏的词语，"埃维亚和洛克里斯 Εὐβοίας καὶ Λοκρίδος"。因此，这应该是尸体被丢入的附近海域的一个位置，确切地说，我们知道，这个位置位于纳夫帕克托附近。我想，它指的应该是某个大海湾的中间（μεταξὺ）或者某个小海湾，而那三个地点，莫吕克里亚，纳夫帕克托和奥伊帕里昂（Eupalion）都位于该海湾的海岸之上——但是，如果人们是想用两个最末端的城镇来囊括这个海湾的话，就应该是："在奥伊帕里昂和莫吕克里亚之间的大海（τὸ μεταξὺ τῆς Εὐπαλίας καὶ τῆς Μολυκρίας πέλαγος）"。那么，应该是埃维亚的奥伊帕里昂（Εὐπαλίας in Εὐβοίας）和洛克里斯的莫吕克里亚（Μολυκρίας in Λοκρίδος）被损坏了。

现在我承认，我那早先的猜测已经不再能够说服我自己。也就是说，针对这个猜想的特别的一点令我对它产生了怀疑。位于海滨的奥伊帕里昂（Eupalias 或 Eupalions）的确切位置，就像早先例如里克[1]和肯坡尔特[2]所推测的一样，是不能够被证实的，不过，从德摩斯梯尼[3]的政治活动[4]以及修昔底德在《伯罗奔尼撒战争史》第三卷，95，96，102 里对这些政治活动的描述中却可以得出一个极为可能的位置，关于这个位置布尔思安曾经在《希腊地理》第 1 卷 148 页，猜测说，"毛瑙袍塔毛斯河[5]的入海口东边的一块土地——一块宽阔，但现在却很泥泞的冲积平原，它的对岸是一座向着海滨延伸的陡峭山脉——很可能与城市奥伊瑙（Οἰνεών）和奥伊帕里昂（Εὐπαλίον）的地界有关，因为这两个城市曾经多次被称为洛克里斯的城市，位于恩托里亚的[6]边界：奥伊瑙看来紧靠着海岸，也许就在村庄欧默-恩菲迪（Omer-Effendi）的旁边，那里发现了一处希腊防御工事的遗迹，奥伊帕里昂则从这里向北，位于更内陆一些的地方"。因此，用奥伊帕里昂来称呼海滨和海洋的一个部分，这是不合适的。鉴于这一状况，我还有一个方案去挽救那个被严重损坏了的地理位置。我认为，在我们的《竞赛》一文中，已经接收过一次对于埃维亚（Εὐβοίας）和波奥蒂亚（Βοιωτίας）的混淆了，这体现在如下的文字之中：有人说，他们曾在同一时代负有盛名，并且还在波奥蒂亚

---

1　威廉·马丁·里克（William Martin Leake，1777—1860），英国非职业考古学家，地志学家。以研究古希腊地理而闻名。

2　海因里希·肯坡尔特（Heinrich Kiepert，1818—1899），德国地理学家，以研究古地理闻名，曾执教于慕尼黑大学。著有《古代地图集》（Atlas antiquus）。

3　德摩斯梯尼（古希腊：Δημοσθένης，德：Demosthenes），生活于公元前 4 世纪的古希腊雄辩家，政治家。伊塞优斯（古希腊：Ἰσαῖος）的学生。

4　德摩斯梯尼曾在雅典积极地从事反马其顿的政治活动，失败之后，被迫服毒自杀。

5　毛瑙袍塔毛斯河（Mornopotamos）位于希腊，亦称达芙努斯河（Dhafnous），或许即上文出现过的 Daphnus 河。

6　恩托里亚（Ätolien），希腊地区名。与洛克里斯地区相临。

地区一个叫作奥利斯 [1] 的地方举行了竞赛（τινὲς δὲ συνακμάσαι φασὶν αὐτοὺς ὥστε καὶ ἀγωνίσασθαι ὁμόσε ἐν Αὐλίδι τῆς Βοιωτίας）：[2] 我将之变化为 "在埃维亚地区一个叫作哈尔基斯的地方（ἐν Χαλκίδι τῆς Εὐβοίας）"，但愿不用再去担心有什么不一致和矛盾的地方。别一处混淆波奥蒂亚（Βοιωτίας）和埃维亚（Εὐβοίας）的地方，我还可以列举出《赫西俄德〈神谱〉评注》（Schol.ad Hesiod.theogon.）（adnot. ed. m. p.6），54 行。因此，现在我想在《竞赛》一文中再次重新回到那个错误，也就是说回到我们的那个地点之上，依据我的看法，科林斯海湾（korinthische Meerbusen）在那里也被视为是波奥蒂亚与洛克里斯的中间海域 [τὸ μεταξὺ τῆς Βοιωτίας（流传下来的是 Εὐβοίας）καὶ τῆς Λοκρίδος πέλαγος]：就通常来说，这个猜想远比之前所做的其他猜想都要更符合我的心意（也就是说，其他的猜想是如下这样的猜想，"恩托里亚与洛克里斯"（τῆς Αἰτωλίας καὶ τῆς Λοκρίδος），"莫吕克里亚与洛克里斯"（τῆς Μολυκρίας καὶ τῆς Λοκρίδος），"阿哈伊斯与洛克里斯"（τῆς Ἀχαίας καὶ τῆς Λοκρίδος），参照别格克，1. c. p.29）。尽管对科林斯海湾的描述并不完整；人们至少还情愿把 "与阿哈伊斯"（καὶ τῆς Ἀχαίας）增添其上。当然，依据一小块古代的海岸而对一块海域描写的不精确，这绝对不是什么特殊情况："科林斯海湾"恰好就是这种不精确性的一个引人注目的证据。

关于特洛伊鲁斯的尸体在《宴会》一文里是这样说的：

---

1　奥利斯（Aulis），波奥蒂亚地区的一个港口城市。

2　参见：*Certamen Homeri et Hesiodi*，*Homeri opera*，Tomus V hymnos cyclum fragmenta Margiten Batrachomyomachiam vitas continens，Oxonii 1912，pp.225—238，V.54—55.

"特洛伊鲁斯的尸体，被带入了达芙努斯河，并停靠在一块略高于水面的岩石之上，岩石四周是汹涌澎湃的河水。直到今天，人们仍然称这块岩石为特洛伊鲁斯"（εἰς τὸν Δάφνον ποταμὸν ἔξω φερόμενον, ἐπεσχέθη περικλύστῳ χοιράδι μικρὸν ὑπὲρ τὴν θάλατταν ἀνεχούσῃ· καὶ μέχρι νῦν Τρωίλος ἡ χοιρὰς καλεῖται）。在这里瓦伦蒂尼·罗斯正当地将"ἔξω"校改为"ἔσω"（《亚里士多德伪书》，第 511 页）。特洛伊鲁斯的尸体，在纳夫帕克托附近被丢入大海，然后又被潮水冲进了达芙努斯河的入海口，但是却在一块礁石之上停靠了下来。接下来的解释罗斯也依然正确："也就是说，上述姓名的回归，[1] 在东洛克里斯地区（恩披克内密底）的奥措拉斯，[2] 是尽人皆知的，就像斯特拉波[3]《地理学》第二部第 IX 卷 472 页的两个阿罗佩[4]一样，因此，现在看来达芙努斯作为奥措拉斯的标志也要被改变了，是它分开了洛克里斯的恩披克内密底与奥普蒂，[5] 而弗克斯[6]的海滨城市达芙努斯正好位于那里。可参见：老普林

---

1　指人们为了纪念特洛伊鲁斯，而用他的名字来称呼那块礁石。

2　奥措拉斯属于东洛克里斯地区，与恩披里亚地区（Ätolien）相邻。

3　斯特拉波（古希腊：Στράβων，德：Strabon），生活于公元前 1 世纪的古希腊历史学家，地理学家。著有 17 卷的《地理学》（Die Geographie）和 43 卷的《历史》，大多都遗失。

4　阿罗佩（古希腊：Ἀλόπη，德：Alope），埃莱夫西纳（古希腊：Ελευσίνα）国王的女儿，在希腊神话中曾被海神波塞冬诱奸，生下儿子被父亲发现后遭到活埋。但是波塞冬却将她变成了喷泉，永存世间，人们为了纪念她，就称该喷泉为阿罗佩。后来也有城市被命名为阿罗佩。

5　恩披克内密底（Epicnemidii）与奥普蒂（Opuntii）都属于东洛克里斯地区，它们被达芙努斯城一分为二。需要注意的是，这里的达芙努斯并不是奥措拉斯的达芙努斯河，而是海港城达芙努斯。

6　弗克斯（Phokis），希腊的一块山区（但与埃维亚海域相连，因而也有海滨城市），与洛克里斯地区和波奥蒂亚地区接壤。

尼，[1]《自然史》第 4 卷，20；斯特拉波，IX，416，424fin. 426 in.（Scilicet eadem nomina redire notum est apud Ozolas quae apud Epicnemidios，velut Ἀλόπη utrimque sec. Strab. IX p.427. ita nunc Daphnus quis Ozolarum cum notiore eo mutari videtur qui Locros Epicnemidios dividebat et Opuntios，ubi ὁ Δαφνοῦς oppidum in Phocidis olim litore，cf. Plin. 4，20. Strabo IX p.416. 424 fin. 426 in.）"。其实根本就没有什么被混淆：而是事实上在奥措拉斯·洛克里斯地区（Ozolischen Lokris）存在着一条河，它与东洛克里斯地区的一个城市达芙努斯重名。这条唯一的河，它会被视为是奥措拉斯的达芙努斯，正是它在纳夫帕克托（Naupactus）附近流入大海的，它现在也被称为"毛瑙袍塔毛斯河"或"门嘎袍塔毛斯河"（Megapotamos）。我们的地理学家们在地图上弄错了这个地名。至今，这个地名仍然被错误地认为是Ὕλαιθος；布尔思安正确地发觉，古老的Ὕλαιθος 可以在现今的Κατοικοπνίκτης 一词当中重新辨认出来，它的意思是，在那条河中，而这条河从帕纳塞斯山（Parnassus）[2] 开始流向科里萨海湾（Krissaeischen Meerbusen），可参见，肯坡尔特的《古代地图集》（Atlas）1872 年新编版。而达芙努斯河则相反，它发源于克罗阿克斯（Kroax），[3] 奔流于纳夫帕克托的东部，最后注入科林斯海湾（布尔思安，《希腊地理》，第 I 卷，第 139 页，143 页）。

在《宴会》一文中，里奥的节日被明确地描述了出来：

---

1 老谱林尼（拉丁：Gaius Plinius Secundus），古罗马博物学家，著有 37 卷本的《自然史》（Naturalis Historia）一书。

2 帕纳塞斯山在希腊神话中是阿波罗神的圣地，缪斯女神的故乡。

3 克罗阿克斯（Kroax），恩托里亚地区的丛山。

当时，洛克里斯人都欢聚于此地，正在举行周期性的里奥节庆，即使到今天，他们仍然会在此地以一种显眼的方式来庆祝这一节日（ἐτύγχανε δὲ Λοκροῖς ἡ τῶν Ῥίων καθεστῶσα θυσία καὶ πανήγυρις, ἣν ἄγουσιν ἔτι νῦν περιφανῶς περὶ τὸν τόπον ἐκεῖνον）。这里，"里奥的欢聚节日"（ἡ τῶν Ῥίων πανήγυρις）是"里奥节"（τὰ Ῥῖα）的改写，就像伊斯特米亚的欢聚节日（ἡ τῶν Ἰσθμίων πανήγυρις）之于"伊斯特米亚竞技节"（τὰ Ἴσθμια）一样（对此，依据着所引用的亚里士多德的证据，阿尔西达马斯曾经说过，而拉尔修的《名哲言行录》第 VI 章，第 2 节"赫尔米普斯"[1]也可佐证，参见珐雷，I. c. p.3）。现在，在那波塞冬献祭的地点和海岬圣地所举办的应该是"酒神狂欢节（bacchica sollennitas）"，就像《竞赛》那被损坏的文本迄今为止所呈现的一样，我无法理解（"在那个地方正在举办祭祀阿里阿德涅的庆典" ἑορτῆς τινος ἐπιχωρίου παρ' αὐτοῖς οὔσης Ἀριαδνείας）;[2]因此，我更愿意把"里奥的神圣"，里奥的圣洁（Ῥίου ἁγνείας）安置到它的位置之上，因为在我看来，这里需要接纳一个合成词"里奥之角"（Ῥίαγωεία）。[3]

　　然后在此还需要注意这样一种见解，即，这里各处，洛克里斯的海岬都被称作是里奥（Ῥίον），而不是如它通常所称呼的那样，安提里昂（Ἀντίρριον）：相反在多数情况下，对面位于亚该亚那一边（auf achäischer Seite）[4]的海岬才拥有里

---

1　赫尔米普斯（古希腊：Ἕρμιππος，德：Hermippos），即"斯穆尔纳的赫尔米普斯"，生活于公元前 3 世纪的希腊哲学家，传记作家。

2　指无法理解祭祀酒神妻子阿里阿德涅的地方究竟是什么地方。

3　里奥之角在这里指的是里奥的海岬圣地。

4　亚该亚（古希腊：Ἀχαῖα，德：Achaia），又译为阿哈伊亚，古希腊的一个省，位于波罗奔尼撒的西北，其东北部与科林斯海湾相接。

奥（'Píov）这个名字。但是，像"里奥节"（τὰ 'Pῖα）这样的固定名称却表明，这样一个源自于古代的命名在此处是一种惯常用法，它同时还表明了，里奥位于洛克里斯一边，而安提里昂则位于亚该亚一边。此外，现在史蒂芬诺斯·冯·拜占次[1]又告诉我们，除了那个位于亚该亚的里奥以外，还存在着一个叫作莫吕克里亚的里奥（'Píov Μολυκρικόν）的地方："位于梅森尼或亚该亚的里奥：而另一个则叫作恩托里亚或莫吕克里亚的里奥（'Píov πόλις Μεσσήνης ἢ Ἀχαῖας · καὶ ἄλλη Αἰτωλίας ἢ καὶ Μολυκρικόν ἐκαλεῖτο）"。这里表明里奥在公元前 426 年与莫吕克里亚一起被恩托里亚人征服之后，就成为了恩托里亚地区的城市，修昔底德，第 III 卷，102，狄奥多罗斯，[2]第 XII 卷，90。现在，在这块平坦的海岬之上，矗立着一座源自于土耳其时代的荒废的堡垒；无论如何，这里原本定然应该是一块波塞冬的圣地（布尔思安，I，146）。

最后，我还想以极其条理分明的方式，罗列出我的一些论题，而这些论题则与多样的描述赫西俄德之死的形势有关；我这么做的特殊目的在于，抗议那些没有被证实，并且也不能够被证实的论断，这些论断我们可以惊诧地在瓦伦蒂尼·罗斯的《亚里士多德伪书》第 505—507 页中发现。

阿尔西达斯的叙述被亚里士多德完全地跟从，亚里士多德在讲述奥尔塯梅尼城（πολιτεία Ὀρχομενίων）的死亡和赫西俄

---

1　史蒂芬诺斯·冯·拜占次（德：Stephanos von Byzanz），生活于古典时代晚期的希腊文法学家。

2　狄奥多罗斯（古希腊：Διόδωρος，德：Diodor），生活于公元前 1 世纪的古希腊历史学家。因其出生于西西里，所以也被称为西西里的狄奥多罗斯。代表作有四十卷的《历史丛书》（*Bibliotheca historica*）。

德的葬礼时依据阿尔西达斯的《教科书》作了汇报。

　　《宴会》一文中的报道与亚里士多德和阿尔西达马斯的报道截然不同：《宴会》一文更多是依据埃拉托斯特尼的创作来展开叙述的，同时为了完整再现埃拉托斯特尼所创作出的画面，该文还采用了普鲁塔克的《论动物的聪明》以及波鲁克斯的描述。

　　《竞赛》一文的作者并没有采用《七位智者的宴会》[ 罗斯相反却认为，《宴会》一文的描述应该是《竞赛》作者（auctor certaminis）必要的借鉴来源 ]。

　　约翰·采策斯并不是直接依据我们的《竞赛》一文进行创作，而是同时采用了一个已经遗失的遭损坏的竞赛手稿，例如帕加马人夏拉克斯[1]的《历史》（ἱστορίαι）。

　　关于赫西俄德之死的叙述，词书《苏伊达斯》中的词条"赫西俄德"（Ἡσίοδος）里所表现出来的变化是独特的。我认为，它可以溯源到欧福里翁的史诗，该史诗的题目为《赫西俄德》（Ἡσίοδος）。从这些确凿无疑的征兆中可以推论得出，赫西俄德之死在欧福里翁的史诗里曾被讲述，这些征兆别格克曾在《亚里山大里亚文选》第 154 页探讨过。我还想从欧福里翁的残篇中吸取这句话："他的面容如死人一样苍白 πάντα δὲ οἱ νεκυηδὸν ἐλευκαίνοντο πρόσωπα"[ 见赫罗狄安[2]的《de dict.solit.》第 46 页，

---

1　帕加马的夏拉克斯（Charax von Pergamon），全名为克劳迪乌斯·夏拉克斯（Claudius Charax），出生于古希腊的殖民地城邦帕加马，活跃于公元 2 世纪。古希腊历史学家。

2　赫罗狄安（Aelius Herodianus），生活于公元 2—3 世纪的古希腊文法学家，据说著有修辞学词典 "Philhetaerus"。赫罗狄安与罗马帝国皇帝，斯多葛学派哲学家马可·奥勒留（德：Mark Aurel）同时代。需要注意的是同一时期还有一位历史学家叫赫罗狄安（英：Herodian of Antioch）。

12；麦内克[1] 的《亚里山大里亚文选》《*Anal. Alex.*》第 154 页 ]。在这里，一位凶手的惊恐被描述了出来，当这位凶手发觉到，他由于被深夜误导而杀错了人——即杀了赫西俄德时，这种惊恐就抓住了他。向奥克美涅移送他的尸骸也许与这个残句有关："当时风雨的预言者乌鸦鸣叫了起来"（ὑετόμαντις ὅτε κρώξειε κορώνη），残篇（fragm.），LXV，麦内克，[2] 参考帕萨尼亚斯的《希腊志》历史，IX，38。当然——这里尽管使用了"也许"一词，也依然是过于胆大妄为的。

## 五　这场竞赛的流传

首先，不久前又被带入到学界的经验之中的是，黑里库斯·史蒂芬努斯究竟是从哪样一份手稿中提取出了这份特殊的，在文学史上并非微不足道的论稿，该论稿让我们至今还在研究，并且人们依据它的内容实质，简略地将之称为《竞赛》。通过瓦伦蒂尼·罗斯（《希腊与希腊—拉丁诗文汇编（*Anecd. Graec. et Graecolat.*）》，第 7 页）——他应当被认为是真正重新发现这份不同寻常的手稿的人——我们知道，它是同一个抄本——劳仑提亚努斯抄本，[3] plut. LVI，c.I——迈克尔·阿波斯弢里乌斯[4] 将该抄本带往了意大利，当然这是他

---

1　麦内克（August Meineke，1790—1870），德国古典语文学家。曾就读于普福塔（Pforta）中学和莱比锡大学。

2　出自麦内克的《亚里山大里亚文选》。

3　劳仑提亚努斯（Laurentianus）抄本，约 3000 份手稿，藏于意大利弗洛伦萨的劳仑提亚图书馆（Biblioteca Medicea Laurenziana）。

4　迈克尔·阿波斯弢里乌斯（Michael Apostolios），活跃于 15 世纪，希腊语教师，文献抄写员，他出生于君士坦丁堡，在经历了一场短暂的牢狱之灾后，他去了克里特岛，最后又逃向了意大利。

在克里特岛完成了一份波利艾努斯[1]的誊本以及那本历史诗歌集（eclogae）之后的事情；他的抄本很可能是在1553年于弗洛伦萨被黑里库斯·史蒂芬努斯所采用的。但事情的真相很早就已经无从知晓了，威斯特曼在《希腊作家生平》（*vit. script. graec.*）[2] p.VII 里所说的可能犯下了双重错误，[3] "看来，依据这份唯一的手稿，巴黎出版商黑里库斯·史蒂芬努斯1573年在巴黎出版了一本书"（ex unico qui restat, ut videtur, libro Parisiensi edidit Henricus Stephanus Paris.1573）：如该手稿也存在于"诞语录"[4]的版本中，该手稿抄本从属于"泉与泽"（κρῆναι καὶ λίμναι）等等的汇编，不过在这汇编版中，却提供了这样一个错误的注释，即，首次由巴黎出版商黑里库斯·史蒂芬努斯依据古手稿出版。虽然，在班蒂尼[5]和莫雷里那里，已经能够找到一丝对于事情真相的正确理解的踪迹，而这种正确理解的踪迹又与霍尔斯特尼乌斯[6]的确切判断关联了起来，但很可惜的是，他们并没有自己的正式调研：就此的切近论证，可参见罗斯，I. c.。

---

1　波利艾努斯（Polyaenus），罗马时期的希腊作家，生活于公元2世纪，主要作品有8卷本的《战略》（*Die Strategemata*）。

2　威斯特曼的《希腊作家生平》全名为 *Biographoi. Vitarum scriptores graeci minores*。

3　双重错误：1. 时间上的错误，1553变成1573；2. 将迈克尔·阿波斯弢里乌斯15世纪完成的抄本（副本）被为是唯一的古抄本（原本）。

4　"诞语录"（Paradoxographen），特指古典文献中的一种类型，以描写荒诞和不可思议的事件为主。

5　安杰洛·马丽亚·班蒂尼（Angelo Maria Bandini, 1726—1803），出生于弗洛伦萨，意大利作家，图书馆管理员。

6　卢卡斯·霍尔斯特尼乌斯（拉丁：Lucas Holstenius，德：Lukas Holste, 1596—1661），人文主义学者，图书馆管理员，地理学家。

　　这份手稿在班蒂尼的《希腊手抄稿书目》(*Graec.*)，[1] 第 II 卷，289—291 页，不久前又被罗斯收录（《亚里士多德伪书》，第 568 页），接着又被鲁道夫·舒尔[2] 在杂志《赫尔默斯（*Hermes*）》[3] 第 III 卷第 274 页充分地描述过，因而，依据着我手头的一份讲叙稿（Schilderung），该讲叙稿是我的好友埃尔温·罗德[4] 赠送给我的，我只有少许相关的创新点能够补充到《竞赛》一文的书写方式之上。

　　最早的那份手抄稿 —— 因为在这整个的汇编里可以辨认出五份不同的手抄稿 —— 它也描写了那场竞赛（ἀγών），尽管有相当多的缩写，但却是非常易读的，与此同时并没有不同寻常的成分存在于其中。下标号 ι[5] 在该抄稿中是没有一处能够被察觉到的，而上标号 ι[6] 虽然不是绝对的罕见，但也仅仅是会出现在字母 η 之后：就此，罗德为我作了清楚明确的说明。重读（Die Accentuation）在该抄稿中则是持续正确的，一直到该抄稿终断为止；标点符号则只有句号（在字词的中间偏上方）和逗号比较常见。该手稿一页大多数会有 33 行。手稿的上边角有水渍污斑，并且这一边还被蛀虫啃食过；而内部的边缘则被磨损的非常严重，并且部分与纸张还粘连在了一起。

　　除了那份原初手稿之外，现在还有一份黑里库斯·史蒂芬

---

1　拉丁文书名为：*Catalogus codicum manuscriptorum graecorum*。

2　鲁道夫·舒尔（Rudolf Schöll，1844—1893），德国古典语文学家。曾求学于哥廷根大学和波恩大学。

3　德国著名的古典语文学杂志，创刊于 1866 年，一直维持至今。

4　埃尔温·罗德（Erwin Rohde，1845—1898），德国著名的古典学家，尼采的同窗好友。两人曾一起从波恩大学转学至莱比锡大学。

5　下标号 ι（Das iota subscriptum），一种希腊字体的区分符号，如：ᾳ，ῃ，ῳ。在这三个字母下方，都有一个小的希腊字母 ι（iota）。

6　上标号 ι（das adscriptum），指在字母上方有一个小的希腊字母 ι（iota），如：ᾱ，ῑ，ῡ 等。

努斯亲手抄写的副本，关于文本历史，它的精确认知无疑是极其宝贵的。瓦伦蒂尼·罗斯在他的《汇编》(*Anacreontea*)（p.IV 以及在该处的注解里）中虽然是在进行另外的考察，但也同样就此有所用心。感谢希腊手稿管理员（conservateur des manuscrits grecs）莱顿人 [1] 威廉·尼古拉斯·杜·里奥 [2] 先生的特殊善意，他让我有机会在莱比锡长时间地使用这份手稿。这份手稿也属于弗森阿尼希腊古抄稿（*codd. Vossiani Graec.*），[3] 手稿的标号是 18，四开本。它无疑是一份多样化的手稿，是从许多不同的手稿片段里集合而成的，它还拥有它原初的页码编号：而一份新的连续的页码标号并不被认为是必需的。但是，这些古老的编号却表露出，黑里库斯·史蒂芬努斯曾经将这些一同存在于弗洛伦萨抄稿中的片段完整地转移到了他的誊本里；随后，这些彼此紧续的抄稿部分却被某位陌生人，即被某位书籍装订工，在装订这些抄稿时弄得粉碎。我们的那份手稿《关于荷马与赫西俄德：他们的谱系与他们的竞赛》(περὶ Ὁμήρου καὶ Ἡσιόδου καὶ τοῦ γένους καὶ ἀγοῶνος αὑτῶν) 也被标了页号：r.190 l.191 r.192 l.193. r.194 l.195. r.196 l.197. r.198 l. 一个空白页：现在出现了大量来自于其他文件的材料。然后，标号继续从 r.199—— 到 l.204 以 "人们为一些希腊英雄逐一地举办葬礼并且在他们的墓碑上题写铭词警句（ποῦ ἕκαστος

---

1　莱顿（Leiden），荷兰（南荷兰省）的一个城市。

2　威廉·尼古拉斯·杜·里奥（W.N.Du Rieu, 1829—1896），生于莱顿。希腊手抄稿的编辑。

3　弗森阿尼希腊古抄稿（die Codices Vossiani graec.），原是荷兰古典语文学家以撒克·弗森乌斯（Isaac Vossius）的私人藏书，后被莱顿大学买下，并命名为弗森阿尼古抄稿（die Codices Vossiani）。

τῶν ἑλλήνων τέθαπται καὶ τί ἐπιγέγραπται ἐπὶ τῷ τάφῳ）" 一句结束：文稿的开本，就纸张和页面而言，与上面的《竞赛》手稿完全相同。这两个片段接续地以同样的方式存在于弗洛伦萨原稿中，这也就是说，《竞赛》一文是从 fol.16 r. med. 开始，而《警句集》(*der Epigrammencyklus*) 则从 fol.20 开始。[1]

我在史蒂芬努斯的誊本里区分出了两种墨迹。一种是正文的墨迹：这写出正文的笔迹，这相同的手，也会经常在文稿的边角处用同样的墨水写下一些标注，这些标注部分地是依据着对该手稿的重复细读，或增添文本中的遗漏，或校改文本中的错误，当然也包括一些猜测。此后是一种引人注目的红色的墨迹，使用它许多词语和音节被强调了出来，它还会在边角描述，或对数字进行调整，或补充出版该抄本的经过。正文里的缩写词反复地在边角被红色的墨迹彰显了出来。而某些拉丁语注解和引文被红色墨迹书写也并非稀有，当然，红色墨迹中还有一些是为这份原初手稿所增添的描述性标注：同样也有许多的猜测。时不时也会出现一个红色墨迹的法语注解，例如"其间赫西俄德第二个发言"（'Ησίοδος τὸ δεύτερον au milieu）[ 威斯特曼（Westerm.），36 页，L.77]。依据史蒂芬努斯的誊本，在第一版（editio princeps）第 4 页中间行列里，实际上是存在以上那句注解的：因此我就不再怀疑，正是史蒂芬努斯自己的抄本被印刷厂所采用。在该抄本进入到印刷厂之前，史蒂芬努斯显然对手稿进行了又一次地细读，而这次细读的结果就是，史蒂芬努斯使用那红色的墨水，主要是为排字工人，做了

---

1　在弗洛伦萨手抄稿中，《警句集》是紧续着《竞赛》一文的，文稿的开本和页码标号的方式都相同。

说明。

第一版并不包含弗洛伦萨抄本，并且在这一版的标题页就已经展现了被缩短的，从根本上歪曲了的题词，这对随后的许多页都做了误导（参见，尼采，Rheinisches Museum für Philologie，25，536[上文 161]）：[1] 荷马与赫西俄德竞赛（Ὁμήρου καὶ Ἡσιόδου ἀγών，Homeri et Hesiodi certamen）。现在这里就开始明朗了（Nunc primum luce donatum）。妇女与其他的打油诗等等（Matronis et aliorum parodiae etc）。[2] 该版手稿的出版地是日内瓦，出版年份是 1573（MDLXXIII）。相应地，瓦伦蒂尼·罗斯在《汇编》（Anecd.）一书第 16 页所发表的意见并不完全正确："丹尼尔·海因修斯（他的《赫西俄德》Lugd. Bat. 1603 年，四开本）缩减了史蒂芬努斯根据这份手稿所给出的标题《关于荷马与赫西俄德：他们的谱系与他们的竞赛》（περὶ Ὁμήρου καὶ Ἡσιόδου καὶ τοῦ γένους καὶ ἀγῶνος αὑτῶν）显然，因为他接受并认为，是史蒂芬努斯发明了这个标题，所以，自从海因修斯的《赫西俄德》之后，流传下来的就是不完整的对应标题，赫西俄德与荷马竞赛（Ἡσιόδου καὶ Ὁμήρου ἀγών），更确切的说是海因修斯删除了那原本的题名，关于那个题名，海因修斯并不知晓，它才是原版的题名，并且正是它为史蒂芬努斯的标题赋予了优越性"。然而，在史蒂芬努斯抄本的边角注解中，就已经有了那个被肆意压缩和限制的

1　即《关于荷马与赫西俄德的弗洛伦萨论文，他们的谱系与他们的竞赛》第 II 节，第 1 段结尾部分。161 页是 MusA 版尼采全集第二卷中的页码。

2　在第一版的标题页上，就有"荷马与赫西俄德竞赛（Ὁμήρου καὶ Ἡσιόδου ἀγών，Homeri et Hesiodi certamen）。现在这里就开始明朗了（Nunc primum luce donatum）。妇女与其他的打油诗（Matronis et aliorum parodiae）"等句。

题名。

《竞赛》一文在该版小册图书中占据了第 1 至第 17 页：编者还将内容概要用大写字母打印在了每一个页面之上：在第 2 页是 "关于荷马与赫西俄德"（περὶ ὁμήρου καὶ ἡσ.），第 3 页是 "关于荷马的竞赛"（περὶ τοῦ ἀγῶνος ὁμ.），第 4 页与第 2 页相同，在第 5 页上是 "关于荷马与赫西俄德的竞赛"（περὶ τοῦ ἀγ. ὁμ. καὶ ἡσ.）等等，一直到第 12 页，接着在第 13 页是 "关于赫西俄德"（περὶ τοῦ Ἡσίοδου），第 14 至第 17 页是 "关于荷马"（περὶ τοῦ Ὁμήρου）。

在新的版本里，对于这一版本我曾怀有如下敬意，即它开创了一个语文学论文集的汇编，但愿这个汇编能为它的创建者和主人带来荣耀 —— 莱比锡语文学社团档案（Acta societatis philologae Lipsiensis），弗里德里希·里奇尔[1]编辑（edidit Fridericus Ritschelius），第一个文摘集（Tomi primi fasciculus），[2]I，1871 年 —— 从现在开始，我不仅想给予这个版本一个权威性的批评设置（kritischen Apparat），即罗德的弗洛伦萨论文校勘稿，同时更想将那份历史文本，特别是那份史蒂芬努斯校勘过的历史文本梳理清楚。在这一方面，我认为必要的是，从莱顿古抄稿（S）以及史蒂芬努斯抄稿第一版（E）中吸取足够多的养分，以便能够把史蒂芬努斯的贻误当作贻误，把他的猜测当作猜测识别出来。对于每一个后来的复印本来说，那个批评设置明显地变简单了，特别是由于现在存在着

---

1　弗里德里希·里奇尔（Friedrich Ritschl, 1806—1876），波恩古典语文学学派的创建者，尼采的老师。

2　在里奇尔主编的《莱比锡语文学社团档案》（Acta societatis philologae Lipsiensis）里，《竞赛》一文是由尼采校勘的。

大量的猜测，依据这些猜测，那原始手稿或者被给予了正当性，或者被引导着走向正当，而未来将不会再有遗失保留着不被提及。此外，我所面对的败坏数量却一直在增加，对于这些败坏，人们曾经采用了尽可能多样化的治愈手段，然而这些治愈手段却还要一直地被采用。我还能够补充的东西，大概可以把它们压缩到以下的段落之上：在以下所有的增补里，有一个我在上文就已经讲述过了，至于其他增补，现在我也获得了讲述的时机。

第 13 页，160 行，[1] "保持善意，永远地与自己达成和谐"（εὔνουν εἶναι ἑαυτῷ ἀεὶ χρόνον ἐς τὸν ἅπαντα），依据我的改善应该是"保持善意，永远地与**灵魂**达成和谐"（εὔνουν εἶναι ἐῷ θυμῷ ἀεὶ χρόνον ἐς τὸν ἅπαντα）。

第 19 页，234 行，在 "ἀνελόντας" 一词之前：增补上 "αὐτόν" 一词。[2] 第 237—238 行，无疑应该这样去建构："被赫西俄德的旅游同伴，一个无足轻重的人，*** 名声"（ὑπό τινος ξένου συνόδου τοῦ Ἡσιόδου δημώδους, *** ὄνομα.）。[3]

这篇短小的手稿竟然被如此多样化的损坏，因此当黑里库斯·史蒂芬努斯曾经偶尔采用粗鲁的方式，来试图正确有序地

---

1 指《竞赛》全文的第 160 行。在 T.W. Allen 编辑的版本中（Homeri opera, vol. 5）是第 165 行。

2 这个增补尼采在本文第 4 节第 9 段结尾处已经解释过了。

3 在 T.W. Allen 编辑的版本中（Homeri opera, vol. 5）是第 245—246 行。整句是"被赫西俄德的旅游同伴，名叫戴莫德斯的那位所诱奸（毁灭）"（ὑπό τινος ξένου συνόδου τοῦ Ἡσιόδου Δημώδους ὄνομα）。尼采认为，在古希腊并不存在戴莫德斯这样的名字，δημώδους 的意思应该是无足轻重的普通人（见本文第 4 节第 13 段）。因而这句话的意思应该是"被赫西俄德的旅游同伴，一个无足轻重的人，[败坏了]名声"。

把握它时，这并不是一件太令人意外的事情：不过可惜的是，由于他对文本的真实流传保持着沉默，于是现在他的那些不走运的猜测就有了一层不合理的意义，并且他的猜测还被后来的批评家们当作了开展更多猜测的基本前提。例如，在读到以下这段话时，没有人不会对之产生犹疑，这段话也是被黑里库斯·史蒂芬努斯校勘过的：

> 荷马，美雷斯之子，如果真像传说中的那样，
> 缪斯，伟大宙斯的女儿们，给予你至高无上的荣誉，
> 那么就请告诉我，对于有死之人来说，
> 最好与最坏的标准究竟是什么？
> （υἱὲ Μέλητος Ὅμηρ'. εἴπερ τιμῶσί σε Μοῦσαι,
> ὡς λόγος, ὑψίστοιο Διὸς μεγάλοιο θύγατρες,
> λέξον μέτρον ἐναρμόζων, ὅτι δὴ θνητοῖσι
> κάλλιστόν τε καὶ ἔχθιστον, ποθέω γὰρ ἀκοῦσαι.）

荷马回答：

> （ὁ δέ φησι·）
> 迪奥的儿子赫西俄德，我乐于回应你的要求
> 并且也准备好了给你的答复
> 对于有死之人来说，最美好的善就是
> 自己成为自己的标准，而最可憎的恶就是，
> 保持善意，永远地与自己达成和谐。
> 现在，你可以遵循着你的内心意愿来向我提问。
> （Ἡσίοδ' ἔκγονε Δίου, ἑκόντα με ταῦτα κελεύεις
> εἰπεῖν· αὐτὰρ ἐγὼ μάλα τοι πρόφρων ἀγορεύσω.
> κάλλιστον μὲν τῶν ἀγαθῶν ἔσται μέτρον εἶναι

αὐτὸν ἑαυτῷ, τῶν δὲ κακῶν ἔχθιστον ἁπάντων.

εὔνουν εἶναι ἑαυτῷ ἀεὶ χρόνον ἐς τὸν ἅπαντα.

ἄλλο δὲ πᾶν ὅ τι σῷ θυμῷ φίλον ἐστὶν, ἐρῶτα.)

赫西俄德：人们应该如何最好地居住在城邦，并且他们应当遵

循什么样的习俗法规？

（ΗΣ. πῶς ἂν ἄριστ' οἰκοῖντο πόλεις καὶ ἐν ἤθεσι ποίοις;）

荷马：要拒绝用不干净的方式得利，

要尊重善，惩罚不义。

这是人们可以向神寻祈求而来的最好的东西。

（ΟΜ. εἰ μὴ κερδαίνειν ἀπὸ τῶν αἰσχρῶν ἐθέλοιεν,

οἱ δ' ἀγαθοὶ τιμοῖντο, δίκη δ' ἀδίκοισιν ἐπείη.

εὔχεσθαι δὲ θεοῖς ὅ τι πάντων ἐστὶν ἄμεινον.）[1]

在第一个回答中，有一组真正的出乎意料的对立："对于人类
来说最好的，就是自己成为自己的标准，而最糟糕的，则是想
一直地保持善意"。后者现在是否应该被称为：一直地自我满
足？因此，这种自足的满意程度就会被认为是至高的恶？或者
"自我善意"（εὔνουν εἶναι ἑαυτῷ）是一种"利己主义"的体现，
而这种利己主义现在又被称为是"最可憎的恶"（τὸ ἔχθιστον
κακῶν）？依据着第一个想法的古代姿态 —— 自己成为自己的标
准是最美好的（μέτρον εἶναι αὐτὸν ἑαυτῷ κάλλιστον）—— 那么人

---

1 这段话在 T.W. Allen 编辑的版本中（Homeri opera, vol. 5）是第 151—165 行。有
所不同的是，在 T.W. Allen 的版本里，164 行是赫西俄德的提问 "人们可以向神寻
祈求而来的最好的东西是什么"（εὔχεσθαι δὲ θεοῖς ὅ τι πάντων ἐστὶν ἄμεινον.）；165
行是荷马的回答 "保持善意，永远地与自己达成和谐"（εὔνουν εἶναι ἑαυτῷ（ἀεὶ）
χρόνον ἐς τὸν ἅπαντα.）。尼采在下文也做了相类似的校改。

们无疑首先就会期待它的对立面：暴虐骄横（ὕβρις）作为最可憎的恶（ἔχθιστον κακῶν）。但是，人们在此却获得了某种相反的东西，它为我们呈现出了绝对的非希腊的样貌：这是一种来自于一个完全的异样世界的声音，这种对于"自我满足"的尖锐批判，正是"针对自我的善意"的批判。

究竟什么样的习俗法规能最好地让城市和国家繁荣昌盛呢，对于这个问题，首先将会有一个恰当的具备双重性的答案，以同样的方式提供出来：第一重答案是，如果城市居民希望不从可耻的事情上获得他们的好处；而另一重答案则是，如果善（在这里，"善（οἱ ἀγαθοί）"似乎很难能被认为是一个政治概念）能够被尊重，而恶又能够被惩罚。但现在，依据史蒂芬努斯的文本，荷马的这个回答还没有结束，而是在之后还晃荡着一句风格上与前文不一致的六音步诗行："向神灵祈求，所有的东西中最好的"（εὔχεσθαι δὲ θεοῖς, ὅτι πάντων ἐστὶν ἄμεινον）；哥特凌试图将这句话变得通情达理一些，于是他建议将"ὅτι"换成"ἔτι"，相反戈特弗雷德·赫尔曼却果断地假设，在这行诗句之后有一句诗行遗失了，并且他还将这句诗校改为"向神灵祈求：所有的东西中最好的那一个"（εὔχεσθαι δὲ θεοῖς · τὸ πάντων ἐστὶν ἄμεινον.）。倘若现在从弗洛伦萨原稿和莱顿手抄稿中都不能够确认，我们关于这整个段落的认知与史蒂芬努斯的一个任性的改造有关，那么，在这种情况中，人们就必须像在其他类似的情况中一样，要考虑到一位优秀的伪造者。真实的流传文本很有可能是这样的：

最美好的善就是，自己成为
自己的标准，而最可憎的恶就是，

我现在要准备回答你随心而发的其他所有问题，你请问吧。

（ κάλλιστον μὲν τῶν ἀγαθῶν ἔσταιμέτρον εἶναι

αὐτὸν ἑαυτῷ, τῶν δὲ κακῶν ἔχθιστον ἁπάντων

ἄλλο δὲ πᾶν ὅ τι σῷ θυμῷ φίλον ἐστὶν, ἐρώτα. ）

赫西俄德：

（ Ἡσιόδος. ）

人们应该如何最好地居住在城邦，并且他们应当遵循什么样的
习俗法规？

πῶς ἂν ἄριστ' οἰκοῖντο πόλεις καὶ ἐν ἤθεσι ποίοις;

荷马：

（ Ὅμηρος. ）

要拒绝用不干净的方式得利，
要尊重善，惩罚不义。

（ εἰ μὴ κερδαίνειν ἀπὸ τῶν αἰσχρῶν ἐθέλοιεν,

οἱ δ' ἀγαθοὶ τιμοῖντο, δίκη δ' ἀδίκοισιν ἐπείη. ）

赫西俄德：

（ Ἡσιόδος. ）

人们向神灵能够祈求到的更好东西是什么？

（ εὔχεσθαι δὲ θεοῖς ὅ τι πάντων ἐστὶν ἄμεινον. ）

荷马：

（ Ὅμηρος. ）

保持善意，永远地与自己达成和谐。

（ εὔνουν εἶναι ἑαυτῷ ἀεὶ χρόνον ἐς τὸν ἅπαντα. ）

这个段落也存在于史蒂芬努斯的抄稿之中，更确切的说与这
个段落一同存在的，还有一个如下的重要边角注释: hic pon.

vernus εὔνουν（也就是说，在"ἔχθιστον ἁπάντων"之后，有一个星号被标识了出来）：然后，在诗行"εὔνουν……"处的注释为"εὔνουν 诗行与星号有关"（εὔνουν versus refertur ad asteriscum）。史蒂芬努斯已经注意到——首先他在这里所强调的是，在原稿中，诗句"最为可憎的恶"（τῶν δὲ κακῶν ἔχθιστον ἁπάντων）之后有一句诗行被遗落了：就像我在我的版本中用星号来标识诗行的遗落一样。[1]也就是说，已经有足够多的证据可以表明，史蒂芬努斯这次填补脱落的尝试并没有成功。与此相反，例如可以允许这样一句诗行适宜地存在，来补偿那个缺陷：

狂妄暴虐的竞赛，以及神灵对于不敬的报复惩罚。[2]
（ὑβρίζειν ἔργοισι, θεῶν ὄπιν οὐκ ἀλέγοντα.）

现在，这句诗行"保持善意，永远地与自己达成和谐（εὔνουν εἶναι ἑαυτῷ ἀεὶ χρόνον ἐς τὸν ἅπαντα）"（如此不完整地存在于弗洛伦萨论文中），它自然在原稿中保有它应有的位置，当它的位置转换被证明是完全不适当之后。去假设每一个问题和每

---

1 尼采在上文曾用星号表示有诗文脱落："被赫西俄德的旅游同伴，一个无足轻重的人，*** 名声"（ὑπό τινος ξένου συνόδου τοῦ Ἡσιόδου δημώδους, *** ὄνομα.）。
2 尼采虚构的这句诗，存在于"最为可憎的恶"（τῶν δὲ κακῶν ἔχθιστον ἁπάντων）之后，即"最可憎的恶是狂妄暴虐的竞赛，以及神灵对于不敬的报复惩罚"。在《荷马的竞赛》一文里，尼采曾经提到过，古希腊人为了保持竞赛的可持续性，制定了陶片放逐法，凡是破坏该条法令的人都会被放逐。这条法令就是为了防止某位独一无二的杰出人物的独裁。而在古希腊文学作品中，杰出人物如果在人群里找不到竞争者，就会胆敢去和神灵竞赛，他们最终都会因为对神的不敬而被报复，落入到悲剧性的命运当中。

一个答案都占据着一个诗行：就像在随后简短的问题和回答以这种方式重复了五次一样，然而这种假设在这里也并没有更接近真实情况。那个在现存的流传文本中不可辨识的问题，在我看来，却被我的好友罗德正确地构造了出来，他建议：

> 人们向神灵能够祈求到的更好东西是什么？
> （ εὔχεσθαι δὲ θεοῖσι τι πάντων ἐστὶν ἄμεινον; ）

现在，我认为，当我采用惯例去回答这个问题时，我也将找到合适的句子：

> 好的是能与灵魂达成一阵子的和谐。
> （ εὔνους εἶναι ἑῷ θυμῷ χρόνον ἐς τὸν ἅπαντα. ）

"什么是可以向神灵请求到的更好的东西？永远的在自己的性情中保持善意"。在那流传下来的形式中"自己的"（ἑαυτῷ）一词是很难能理解的：在它之后跟随着应是一个韵律的空缺。那个多余的词"永远"（ἀεὶ），是史蒂芬努斯安放到空缺处的（他也设想，依据他的抄稿，"δεῖ"一词在这个位置韵律方面是不合适的），这种安放完全是出于任性，相反，我所建议的词语"εωΘΥΜω"则很容易地在过去通过"εαΥΤω"一词而被损坏。现在通过我的修复，那整个的段落将展现如下：

> 最美好的善就是，自己成为
> 自己的标准，而最可憎的恶就是，

\* \* \* \* \* \* \* \* \* \* \* \* \* \* \* \* \* \* \*[1]

我现在已经准备好回答你随心而发的其他所有问题，你请问吧。

（ κάλλιστον μὲν τῶν ἀγαθῶν ἔσται μέτρον εἶναι

αὐτὸν ἑαυτῷ， τῶν δὲ κακῶν ἔχθιστονάπάντων

\* \* \* \* \* \* \* \* \* \* \* \* \* \* \* \* \* \*

ἄλλο δὲ πᾶν ὅ τι σῷ θυμῷ φίλον ἐστὶν， ἐρώτα. ）

赫西俄德：

（ Ἡσίοδος. ）

人们应该如何最好地居住在城邦，并且他们应当遵循什么样的习俗法规？

πῶς ἂν ἄριστ' οἰκοῖντο πόλεις καὶ ἐν ἤθεσι ποίοις;

荷马：

（ Ὅμηρος. ）

要拒绝用不干净的方式得利，

要尊重善，惩罚不义。

（ εἰ μὴ κερδαίνειν ἀπὸ τῶν αἰσχρῶν ἐθέλοιεν，

οἱ δ' ἀγαθοὶ τιμῶντο， δίκη δ' ἀδίκοισιν ἐπείη. ）

赫西俄德：

（ Ἡσίοδος. ）

人们向神灵能够祈求到的更好东西是什么？

（ εὔχεσθαι δὲ θεοῖσι τι πάντων ἐστὶν ἄμεινον; ）

荷马：

（ Ὅμηρος. ）

---

1　尼采使用 \* 这样的符号表示有诗行脱落。

好的是能与灵魂达成一阵子的和谐。

（εὔνουν εἶναι ἑῷ θυμῷ χρόνον ἐς τὸν ἅπαντα.）

　　在《竞赛》一文中，我直到现在只不过发现了一个诗行上的一个空缺的存在，它就在这个被提取出的段落里；而新近的编校者[1] 则相反，在我所校改的这个地方，他却毫无感触地一掠而过，但在那的确很棘手的两人对话中（第9—12页，ed.m.），他却多次地设想有漏缺，而那里却并没有韵律上的正当理由，就此我马上就要做出展示。

　　《竞赛》一文中那个棘手的章节是由以下这般的话语导入的："这里荷马又一次漂亮地回应了赫西俄德，于是赫西俄德就转而求助于一些模棱两可的句子，他引用了许多这样的句子，并且要求荷马能够恰当地补充完整每一个句子的意义。在下面的诗文里，第一行是赫西俄德，其次是荷马，但有时候赫西俄德也会用两行来提出他的问题（καλῶς δὲ καὶ ἐν τούτοις ἀπαντήσαντος ἐπὶ τὰς ἀμφιβόλους γνώμας ὥρμησεν ὁ Ἡσίοδος παὶ πλείονας στίχους λέγων ἠξίου καθ' ἕνα ἕκαστον συμφώνως ἀποκρίνασθαι τὸν Ὅμηρον. ἔστιν οὖν ὁ μὲν πρῶτος Ἡσιόδου, ὁ δ' ἑξῆς Ὁμήρου, ἐνίοτε δὲ καὶ διὰ δύο στίχων τὴν ἐπερώτησιν ποιουμένου τοῦ Ἡσιόδου.）"。[2] 用模棱两可的洞识（ἀμφίβολοι

---

1　这里指的应该是上文提到过的新近的《竞赛》一文的编校者，即尼采自己（尼采在莱比锡读大学时曾对《竞赛》一文做过校勘，这个校勘版收录在：弗里德里希·里奇尔主编的《莱比锡语文学社团档案》(*Acta societatis philologae Lipsiensis*)，第一个文摘集（*Tomi primi fasciculus*），I，1871 年）。值得注意的是，下文括号中的"ed.m."，之前在本文第 4 节 17 段里也曾经出现过一次，它指的应该是阿尔西达马斯的《竞赛》的一个编校版本（很可能就是尼采自己的编校本）。

2　本处译文参考了英译本：*Of the Origin of Homer and Hesiod, and of Their Contest*，translated by Hugh G. Evelyn-White，1914，http://www.sacred-texts.com/cla/homer/homrhes.htm。

γνῶμαι）来描述荷马，这种奇怪的任务就表现在，荷马需要
马上对一句含义模棱两可的诗行作出回答，并且通过他的回
答，他将某种可理解的和确凿无疑的东西从那看起来毫无意
义的，令人疑惑的东西中引导了出来。于是赫西俄德首先就刁
难道："接着他们在正餐时吃着牛肉和战马的脖子……"；矛
盾之处应该就在于吃马肉之上，因此荷马就在他的回答中采
用"卸下马鞍套具"（καὐχένας ἴππων）而不是"他们用牛肉进
餐"（εἵλοντο βοῶν κρέα）来接续，于是荷马继续说道"并且他
们发现，战马的脖子上全是汗水，而这时他们就已经厌倦了战
争"。在第二个刁难问题中，赫西俄德谈到了弗里吉亚人，他
们不善于航海是众所周知的：

> 弗里吉亚人，所有人里在船上最优秀的……
> καὶ Φρύγες, οἳ πάντων ἀνδρῶν ἐπὶ νηυσὶν ἄριστοι

——这完全颠倒了事实，于是荷马现在尽量地将之翻转为
"弗里吉亚人，是在船上所有人里最善于去岸边夺取海盗的
餐食的"：这毕竟是一次古怪的侵袭，它可能是从一次文本
上的损坏里滋生出来的。作为回答，我这样猜想无疑也应当
是合适的："他们是海盗到岸边来俘获的奴隶中最好的"，[1]用
"到岸边俘获奴隶"（ἐπ' ἀκτὴν δοῦλοι ἕπεσθαι）来取代"俘获
餐食"（δόρπον ἐλέσθαι）。但如果在这里去思考一个诗行的脱
漏，如哥特凌所做的那样，就很可能是错误的。——接下来

---

1  由于弗里吉亚人不善于航海，所以对海盗来说，俘获他们当奴隶是最好的选择。
   尼采这样猜想不无道理。

属于赫西俄德的诗行"赫拉克利特丢开了他肩膀上的弯曲的弓"（Ἡρακλέης ἀπέλυσεν ἀπ᾽ ὤμων καμπύλα τόξα）并不包含至少一个意义上的模棱两可：所以我假设，这里需要排放两个诗行，首先，让我们认真地考虑一下，这句诗"为了在下面用双手将箭丢向全部的巨人群"（χερσὶ βαλὼν ἰοῖσιν ὅλων κατὰ φῦλα γιγάντων）是否符合那个目的。[1] 现在我理解不了"全部的巨人"（ὅλων γιγάντων）："在下面……全部的巨人群（ὅλα κατὰ φῦλα γιγάντων）"的意思很可能是"在整个的巨人群下面"。但是，这些巨人自己是不可能被称为"全部的（ὅλοι）"。在这一点上，弗洛伦萨论文所流传下来文字的是"消灭（ὅλλων）"：这让我能够如此猜想，即这里很可能指的是"原始的巨人群"（ὠμῶν κατὰ φῦλα γιγάντων）。当然，接下来还需要对上述的句子做一点小小的改变。这里的矛盾之处以及对荷马来说困难之处在于，赫拉克利特在野蛮的巨人群下面用双手抛掷箭矢：但荷马却机智地如此这般地构造了那句诗，他将"双手"（χερσὶ）与主句的动词连接在一起（即与"ἀπ᾽ ὤμων καμπύλα τόξα"连接起来）："赫拉克利用手解开了他肩膀上的弯弓，并且在下面将箭矢射向巨人群中"。如果这个解释是对的，那么无论如何那个词应该是"箭矢"（ἰοῦς）而不是"全部的"（ἰοῖσιν）：双手，[2] 在下面将箭矢射向野蛮的巨人群 [χερσὶ, βαλὼν（oder βαλέων）ἰοῦς ὤμων κατὰ φῦλα γιγάντων]。

此后赫西俄德说"这个男子是一位英勇和胆怯的男人的儿子"——一个矛盾，这个矛盾荷马是如此解决的，他并没有将

---

1　该目的是：至少有一个意义上的模棱两可。
2　双手，这里接上行诗，意思是"赫拉克利用双手解开了他肩膀上的弯弓"。

"和胆怯（καὶ ἀνάλκιδός）"这两个词语与"男人"（ἀνδρός）连接在一起，而是继续向后关连，"（和胆怯）的母亲 [ 的儿子 ]，战争对任何女人来说都过于残酷"[（καὶ ἀνάλκιδός）μητρός ἐπεὶ πόλεμος χαλεπὸς πάσῃσι γυναιξί.]。——那些对于后面诗行 [1] 的开端的各式各样的谨慎猜测，必定都会赞同戈特弗雷德·赫尔曼的猜想：

> 正是因为（校改为"难道不是因为"）你，
> 你的父亲和母亲在爱欲中结合。
> [ἤ τ' ἄρα（für οὔτ' ἄρ）σοί γε πατὴρ ἔμιγη καὶ πότνια μήτηρ.]

模棱两可之处在于，如果人们将"σοί γε ἔμιγη"翻译为"和你一起他们结合"[2]：荷马，在他的回答中，通过将这句话理解为"为了你，你的父亲和母亲在爱欲中结合"，而将之做了别样的转变：

> 当时他们是在女神阿芙洛狄忒 [3] 的帮助下才孕育出了你。
> （赫尔曼将"τότε σπείραντο"校改为"τόγ' ἐσπείραντο"）
> σῶμα τότε σπείραντο（so Hermann für τόγ' ἐσπείραντο）

---

1　指接下来赫西俄德对荷马的刁难。

2　小品词 γε 在这里很难翻译。该词在起限定作用时，意思为"至少，无论如何"；在增强语气时可译为"是的，确实，至少"。结合上之前的 ἤ τ' ἄρα 等词勉强可译为"正是因为……"，"的确是为了……"或"与……一起"等等。

3　阿芙洛狄忒（古希腊：Ἀφροδίτη，德：Aphrodite），即罗马神话中的维纳斯。在希腊神话里她是美神与爱神，荷马说她是宙斯和狄俄涅（古希腊：Διώνη）的女儿，但赫西俄德却说她是乌拉诺斯（古希腊：Οὐρανός）的女儿 [ 乌拉诺斯的儿子克罗诺斯用镰刀割了父亲的生殖器，并丢入大海，于是阿芙洛狄忒从浪花中诞生 ]。阿芙洛狄忒掌管着人间的爱情、生育和婚姻。

διὰ χρυσέην Ἀφροδίτην.

在接下来的诗行中，"然而，当她屈服于婚姻时，喜欢射箭的女神阿耳忒弥斯 [1]……"（αὐτὰρ ἐπεὶ δμήθη γάμῳ Ἄρτεμις ἰοχέαιρα），阿耳忒弥斯是永远不会结婚的，所以赫西俄德在这里所说的就是某种不可能的事情：荷马立刻就把"喜欢射箭的女神阿耳忒弥斯（Ἄρτεμις ἰοχέαιρα）"构造成了另外的样子，他使用的方法是把主句的主语变为阿耳忒弥斯，"阿耳忒弥斯用银色的弓箭杀死了卡利斯托（die Kallisto），[2] 在那次被逼婚的时候（als diese γάμῳ δμήθη）"。卡利斯托（Καλλιστὼ）是宾语，而前置从句则是"婚礼（γάμῳ）"之前的所有文字。

接下来所转变的玩笑话（Scherz）是全然清楚的，"他们吃喝了一整天，但却没有任何东西"：就此荷马回答道"没有从家里拿取任何东西，因为阿伽门农，[3] 众人之王，给他们提供了餐食"。紧接着赫西俄德说：

在进食的时候，他们从发热的灰烬中收集起宙斯的尸骸
δεῖπνον δειπνήσαντες ἐνὶ σποδῷ αἰθαλοέσση

---

1　阿耳忒弥斯（古希腊：Ἄρτεμις，德：Artemis），古希腊神话中的月亮女神和狩猎女神。与阿波罗是孪生兄妹。

2　卡利斯托（古希腊：Καλλιστὼ），在希腊神话中是一位来自女神阿耳忒弥斯的狩猎场的宁芙女神（Nymphe）。被宙斯诱奸怀孕之后，遭到阿耳忒弥斯的驱逐。在孩子出生以后，她又被善妒的赫拉变成了一只母熊。许多年后的一天，她在森林里看到了已经成为猎人的儿子，于是就跑上前去想拥抱他，谁知却被自己的儿子当成野兽射杀。

3　阿伽门农（古希腊：Ἀγαμέμνων，德：Agamemnon），在希腊神话中是迈锡尼（Mykene）的国王，特洛伊战争中的诸王之王。

σύλλεγον ὀστέα λευκὰ Διὸς κατατεθνηῶτος.[1]

荷马避开了这个模棱两可的诬蔑，他采用的办法是，连接上这样一句："宙斯神一样英勇的儿子萨尔珀东[2]死亡后的尸骸"（παιδὸς ὑπερθύμου Σαρπηδόνος ἀντιθέοιο）。在《竞赛》第一版（ed. princeps）中，宙斯（Διὸς）的存在是正确的：而哥特凌，他显然并没有向这个版本（diese ed.）请教，他必然是第一个通过猜测将之复原的。相反巴尔内斯却错误地假设这里有一个缺漏，由此他猜测接下来的诗行应该是"并且这时宙斯怜悯起了生命的脆弱，眼泪流了下来（καὶ τότε Ζεὺς ἐλέαιρε τέρεν κατὰ δάκρυον εἴβων）"。[3]

我对接下来的诗行并没有把握。虽然真正的要点并不会被判断错误："从船上出发让我们继续我们的道路，扛在肩膀之上"（ἴομεν ἐκ νηῶν ὁδὸν ἀμφ' ὤμοισιν ἔχοντες），这句话应该会诱导出这样的想法，即，"道路"（ὁδὸν）一词是"扛着"（ἔχοντες）一词的宾格宾语，"道路扛在肩膀之上"。但是荷马却将"道路"（ὁδὸν）一词与"出发"（ἴομεν）一词构造到一起，并在"扛着"（ἔχοντες）一词之后添加了"有柄的剑和长杆的矛"（φάσγανα κωπήεντα καὶ αἰγανέας δολιχαύλους）。但是现在，在诗行"从船上出发"（ἴομεν）之前还有一句，"我们逗

1 该句希腊文尼采在上句已经用德语复述过一遍了，即"在他们进食的时候，他们从发热的灰烬中收集起宙斯的尸骸"。

2 萨尔珀东（古希腊：Σαρπηδών；德：Sarpedon），在荷马史诗《伊利亚特》中是宙斯和俄达弥亚（Laodameia）的儿子。

3 巴尔内斯将这一行续接在荷马的回答之后，即诗行"宙斯神一样英勇的儿子萨尔珀东（Sarpedon）死亡后的尸骸"之后。表示宙斯为自己儿子的死去而伤心。尼采认为，巴尔内斯的这个猜想是错误的。这句构想出来的诗行的存在毫无必要。

留于西莫恩斯平原 [1] 之上"（ἡμεῖς δ΄ἀμπεδίον Σιμοέντιον ἥμενοι αὔτως）。紧邻在这句之后应该有一些文字遗落了，这并非是不可能的；然而，无论如何在这行诗中必定有某一种模棱两可的双关语存在，这一模棱两可的双关语将会诱导人们走上误解的薄冰。我并未发现这种薄冰，因此我猜测，赫西俄德只不过说了"在我们徒劳地逗留于西莫恩斯平原之后"[ 如《瑞索斯》（*Rhesus*）[2] 第 546 行，"在西莫恩斯逗留歇宿"（Σιμόεντος ἥμένα κοίτας）]，"我们继续上路等等"。《竞赛》一文的作者在早前就已经告诉过我们，赫西俄德有时（ἐνίοτε）会用两行诗来表达他的问题，这意味着，这种情况至少会出现两次。直到现在，我们首次假设了一个两行的问题：而这却是两行问题的第二次显现。[3]

在接下来的例题"那些英武的年轻人用手从大海里……"（δὴ τότ΄ ἀριστῆες κοῦροι χείρεσσι θαλάσσης）中，双关玩笑话存在于这个不可能的连接之上"用大海的手"；[4] 但荷马却

---

1　西莫恩斯（Simoeis），在荷马史诗《伊利亚特》中是一条流淌在特洛伊平原上的河流的名字，同时也是这条河的河神的名字。《伊利亚特》第 21 卷 311—315 行，斯卡曼得罗斯（Σκάμανδρος）在对抗希腊英雄阿喀琉斯时，曾向河神西莫恩斯求援。

2　《瑞索斯》（古希腊语：Ῥῆσος），欧里庇得斯的一出戏剧（作者权有争议）。瑞索斯是色雷斯的国王，据说他英勇无敌，是河神斯特律蒙（英：Strymon）的儿子，母亲是缪斯女神中的一位。在特洛伊战争中，色雷斯是特洛伊的盟国。英勇的瑞索斯刚上战场，就在夜间酒醉中被希腊的英雄奥德赛和狄俄墨德斯（Diomedes）潜入营帐中杀死。

3　第一个两行问题出现于这一诗行之前，"在进食的时候，他们从发热的灰烬中收集起宙斯的尸骸"（δεῖπνον δειπνήσαντες ἐνὶ σποδῷ αἰθαλοέσσῃ /σύλλεγον ὀστέα λευκὰ Διὸς κατατεθνηῶτος. ）。

4　大海一词"θαλάσσης"在这里是第二格，它接在复数第三格的"手"（χείρεσσι）一词之后，很容易被认为是"大海的手"。

将"大海"（θαλάσσης）一词与"拉出"（ἀπείρυσαν）一词联系在一起："高兴而又迅速地将他们的舰船拉出"（ἄσμενοι ἐσσυμένως τε ἀπείρυσαν ὠκύαλον ναῦν）：顺便提一下，一行诗，包涵着一个严格的，只凭借那第三个韵脚的阴性停顿（die weibliche Cäsur des dritten Fusses）来申辩的停顿（zu entschuldigende Cäsur），[1]（可参见，例如《伊利亚特》，第3卷，376行）。——在后续的诗行中，该诗行提供出了这样的笔迹，令我无法辨认出，在这里有对一个误解提交申辩的必要：他们到了科尔基斯并且国王埃厄忒斯[2]（Κολχίδ' ἔπειτ' ἵκοντο καὶ Αἰήτην βασιλέα）。也许是有一行诗脱落了；可是我认为，如果人们将这两行诗的顺序颠倒一下，就能够达到所需要的结果。于是赫西俄德首先问道：

当察觉到了他的不好客[3]和无律法之后，他们逃走了。
（φεῦγον, ἐπεὶ γίγνωσκον ἀνέστιον ἠδ' ἀθέμιστον.）

这里的误解之处在于"当察觉到它（逃跑 τὸ φεύγειν）是无家可归的和无律法的之后，他们逃走了"；然而荷马却将"不好客和无律法"（ἀνέστιον ἠδ' ἀθέμιστον）与一个特定的人关

---

1 停顿（Cäsur），一般会用于诗行的中间，分为两种类型，一种是表示诗律节拍，另一种则表示对诗句意义的要求，其后一般会跟随展现主题的短语。如果它紧跟着一个重音音节出现，那么它就是阳性的；如果它前面是一个非重音音节，那么它就是阴性的。entschuldigende Cäsur 比较难译，在这里指该停顿是扭转诗句意义的关键。荷马正是从这个诗律上的停顿开始，扭转该诗句意思的。

2 埃厄忒斯（古希腊：Αἰήτης，德：Aietes），科尔基斯（Kolchis）的国王，性情残暴。伊阿宋（Ἰάσων）曾来科尔基斯盗取过金羊毛。

3 ἀνέστιον，除了有不好客的意思之外，还有无家可归的意思。

联到一起 [ 如《伊利亚特》第九卷，63 行："他是一个六亲不认的，不好客和目无法纪的人"（ἀφρήτωρ ἀθέμιστος ἀνέστιός ἐστιν ἐκεῖνος）]，并且说 "当他们到了科尔基斯之后，他们就察觉到了，国王埃厄忒斯是一个不好客和无法纪的人，于是他们就从那里逃走了"。

接下来的诗行在顺序上并不可疑：赫西俄德说，"但是当他们斟酒并且饮下，这翻涌的大海"（αὐτὰρ ἐπεὶ σπεῖσάν τε καὶ ἔκπιον οἶδμα θαλάσσης）：这里人们不能将 "饮下"（ἔκπιον）这个词与宾格宾语 "翻涌的大海"（οἶδμα θαλάσσης）连接在一起，荷马以这种方式继续道："他们打算驾驶着牢固的船只去跨越它"（ποντοπορεῖν ἤμελλον ἐυσσέλμων ἐπὶ νηῶν）。

现在还剩下其余的五行诗。在它们之中的倒数三行诗，提供出了那种被渴望的形势（gewünschte Verhältniss）。[1] 赫西俄德开始道：

> 吃吧，喝吧，我的客人们，希望你们之中无人
> 能够重返他那亲爱的家园
> （ἐσθίετ' ὦ ξεῖνοι καὶ πίνετε μηδέ τις ὑμέων
> οἴκαδε νοστήσειε φίλην ἐς πατρίδα γαῖαν）

通过这样的介绍就引发了，他是否说了某种彻底荒唐的话，"现在吃吧，喝吧，你们这些异乡人，你们中将无人能够返回他的亲爱的家园"！但是荷马却想起了 "多灾多难"

---

1　指模棱两可的刁难和对该刁难的回答。

（πημανθείς）一词，[1] "还是祝愿你们所有的人都能够毫发无损地返回家园"（ἀλλ᾽ αὖτις ἀπήμονες οἴκαδ᾽ ἵκοισθε），于是荷马凭借着被世人称赞的沉着，挽救了这句诗行的意义。——在这三句诗行之前，还存在着两句诗

阿特柔斯[2]之子祈祷他们全部丧生

但决不会在海上，并且他开口说出这般话来：

（τοῖσιν δ᾽ Ἀτρείδης μεγάλ᾽ εὔχετο πᾶσιν ὀλέσθαι

μηδέποτ᾽ ἐν πόντῳ καὶ φωνήσας ἔπος ηὔδα.）

现在，就像迄今为止所发生的那样，人们可以把第一行诗归于赫西俄德，而将第二行归于荷马。可是我却想对这样的分配提出反对意见。首先这里的一种可能的误解，一种模棱两可的观点（ἀμφίβολος γνώμη）根本就不是谈话。那么，为什么阿特柔斯之子（der Atride）没有祝愿"全部"（τοῖσι πᾶσιν）都不会丧生呢？这种想法当然并不包涵荒谬的成分，就像上文"翻涌的大海"（οἶδμα θαλάσσης），"大海的手"（χείρεσσι θαλάσσης）一样，可能有些不合乎伦理，但它出自一种发怒的祈福（Achill）[3]之口又无疑恰好是可能的。然后，依据上述的那种顺序分派，荷马必须说出这样的话"并且他开口说出

---

1　这样前面诗行的意思就变成了：希望你们中无人在重返他的家园时多灾多难。

2　阿特柔斯（古希腊：Ἀτρεύς，德：Atreus），古希腊神话中的迈锡尼国王。阿伽门农和墨涅拉俄斯（古希腊：Μενέλαος）的父亲。这个家族曾经被诅咒每一代都会发生一场血亲谋杀（或手足相残或夫妻反目或父子相杀），并且会一直持续五代。

3　Achill 是阿喀琉斯（Achilleus）的简称。因为英勇的阿喀琉斯通过荷马史诗而不朽，所以这个名字后来也指对英雄气概和荣誉声望的祈福（Segenswunsch）。

这般话来"（καὶ φωνήσας ἔπος ηὔδα），这也就意味着，荷马在
这里完全脱离了他的角色，并且突然地说出一些话，首次向
赫西俄德提出了挑战要求来。这样一种角色上的混乱是绝对
不可能的；因此我更倾向于认为，这四行互相关联的诗都属
于赫西俄德。此外，这四行诗里有着一个明显的逻辑性很强
的矛盾，就像我们期待它在那最后的例题中，作为"模棱两
可见解"（γνῶμαι ἀμφίβολοι）的终结一样：这个矛盾被宽泛而
又详尽地表达了出来，因而，在一个诗行中清除掉之前所有
的不谐和，这最后的任务还是显现得特别困难。"阿特柔斯之
子极为正当地为所有人祈福，愿他们决不会葬身于大海，并
且他说出这样的话：吃吧，喝吧，你们这些异乡人，希望你
们中无人能够重返他那亲爱的家园——"，然后荷马用上文已
经提到过的方式就此作了回答。我认为戈特弗雷德·赫尔曼
那样的诗行分配是不可能的，他曾经建议说：128 和 129 行 [1]
属于赫西俄德，而 130，131 和 132 行 [2] 属于荷马。因为经过这
样的诗行分配，那种戏谑游戏的目的与意义，即每个刁难都
应具备的那种误导人的模棱两可性，就彻底地错漏了：就像
我从整体上做出的观察那样，这种两人对话的早期编辑者和批
评者根本就不知道，应该怎样评价它。但是在这里，我们必
须从竞赛实施的整体上，思考在所有类型的会饮竞赛和隐晦
谈话中，希腊人的特殊练习；而在"模棱两可的见解（γνῶμαι
ἀμφίβολοι）"一词之上，我们恰好能够回想起克里尔库 [3] 的

---

1　在 T.W. Allen 编辑的版本中（ *Homeri opera*，vol. 5）是第 133，134 行。

2　在 T.W. Allen 编辑的版本中（ *Homeri opera*，vol. 5）是第 135，136，137 行。

3　克里尔库（Chearch），Chearchus 的缩写。希腊人名。亚里士多德的弟子中也有叫克里尔库的。

话语，阿忒纳乌斯[1]在《智者的盛宴》（p.457e）中，将这样会饮（sympotisches）的一种游戏描述为："当第一个人引用了一行抑扬格诗句[2]之后，其他每个人都需要说出一个诗行去续接"（τῷ πρώτῳ ἔπος ἢ ἰαμβεῖον εἰπόντι τὸ ἐχόμενον ἕκαστον λέγειν）。

　　我们在对这整段文字的处理中可以感觉到没有一处显得不自然，因而就不需要去接受一个假定的遗漏来获取安慰，相反，就像我已经阐明的那样，需要从其他地方来证实一个真正的错漏（Defectus）；如果我们考虑到可能有一个六音部格脱落了，那么我们也就在这里收获到了完满。在这场竞赛之后，荷马在雅典获得了国王梅敦的款待；他应该是在雅典逗留期间，于极度的寒冷中创作了如下这样的诗歌，此时市政厅里却火光灿烂温暖：

> 孩子是一个男人的冠冕，塔楼是一座城池的冠冕，
> 　马匹是一块平原的纹饰，而船只则修饰着大海。
> 　　看到有一位贤人坐在议会场合，多好。
> 　　但更有价值的是，当在一个冬日，
> 克诺纳斯之子令大雪降临，能有一间屋子，火光灿然。
> （ἀνδρὸς μὲν στέφανος παῖδες, πύργοι δὲ πόληος,
> ἵπποι δ' αὖ πεδίου κόσμος, νῆες δὲ θαλάσσης,
> λαὸς δ' εἰν ἀγορῇσι καθήμενος εἰσοράασθαι.
> αἰθομένου δὲ πυρὸς γεραρώτερος οἶκος ἰδέσθαι

---

1　阿忒纳乌斯（古希腊：Ἀθήναιος，德：Athenaios），生活于罗马帝国时代的希腊演说家，著有《智者的盛宴》（Δειπνοσοφισταί）。

2　抑扬格（古希腊：ἰαμβεῖος，英：iambic），古典诗歌的一种格律。通常在一个音步里有一轻一重两个音节。

ἤματι χειμερίῳ ὁπόταν νίφῃσι Κρονίων. ）

这相同的故事，在希罗多德的《荷马生平》( vita Homeri )
中也曾经被报道过，只不过在局部上却有所改变并且诗句
上也有一些差异，这对我们而言至关重要，参见威斯特曼
( Westerm. ) 版《荷马生平》第 16 页，( 可参见词书《苏伊达
斯》, tom. alt. Bernh. 1102 )：

> 孩子是一个男人的冠冕，塔楼是一座城池的冠冕，
> 　马匹是一块平原的纹饰，而船只则修饰着大海，
> 　　财产增强着房屋，而尊敬则增强着王权，
> 　看到他们聚坐在一起，对其余的人而言是秩序井然的，
> 但一团燃烧着的火苗则是这个屋子里最为瑰丽的珍宝。
> ( ἀνδρὸς μὲν στέφανος παῖδες， πύργοι δὲ πόληος
> 　ἵπποι δ' ἐν πεδίῳ κόσμος， νῆες δὲ θαλάσσης，
> 　χρήματα δ' αὔξει οἶκον， ἀτὰρ γεραροὶ βασιλῆες
> 　ἥμενοι εἰν ἀγορῇ κόσμος τ' ἄλλοισιν ὁρᾶσθαι
> 　αἰθομένου δὲ πυρὸς γεραρώτερος οἶκος ἰδέσθαι. )

　　在后者的文稿中，"在其余的人看来……是秩序井然的"
( κόσμος τ' ἄλλοισιν ὁρᾶσθαι ) 等文字让我感到困惑：它取决
于对这则警句诗的所有单元的划分，很显然修饰词与被修饰词
被并置于一起，孩子与男人，塔楼与城池，马匹与平原，船只
与大海，诸王[1] 与 —— 其余的人 ( die ἄλλοι )。不，我认为，应

------

1　"诸王"即国王一词的复数形式，该词在上文译为王权。

该是居民（die Bevölkerung），臣民（die Unterthanen），亦即子民（λαοί）：因此，我将其校改为："在臣民看来是秩序井然的"（κόσμος λαοῖσιν ὁρᾶσθαι）。——现在还有之前的那个诗句"财产增强着房屋"（χρήματα δ' αὔξει οἶκον），在该诗句里还有字母 Ϝ（das Digamma）[1] 在"房屋"（οἶκον）一词那里显现着它自己的全部威力。但这绝对不是去偏爱这样一种文本变体"财产使房屋增强"（χρήματα δ' οἶκον ἀέξει）的方法上的依据，[2] 莫纳克（Monac.）抄本 333 所提供的这种文本变体，对于《荷马生平》的批评校勘来说，是毫无意义的。相反这句诗，与其他的诗句相比，显得是如此的不谐和。在我上文所提到过的全部的编排清单（Zusammenstellungen）中，修饰词与被修饰词的关系都比在诗句"财产增强房屋"里表达得更加生动和直观；与通常情况下占据优势的生动性比起来，在这里，那种关系的整体概括却被否决了；接着所有的诗句依然还在向着高潮点攀升："燃烧的火苗对屋子来说是最好的珍宝"，在这个高潮点之前，很难能设想屋子还有一个另外的修饰词。因而这里还能去考虑的就只剩下庙宇了，即将第一次出现的房屋（οἶκον）设想成是神灵的屋子（例如在希罗多德第 8 卷，143 行；欧里庇得斯《腓尼基的妇女》（Eurip.Phoen., 1373）。那么，当这个

---

1 Das Digamma，希腊古字母，是拉丁字母 F 的源头。小写为 Ϝ，大写为 F。英国古典语文学家理查德·本特利（Richard Bentley，1662—1742）在修复荷马史诗的韵律时，首次重新发现了这个发音为 [w] 的 Ϝ。如果有文字以字母 Ϝ 开始，那么一般会要求在这些文字之后有一个开头音为辅音的单词。

2 οἶκον 一词之前有字母 Ϝ，因而该词之后就需要一个开头音为辅音的单词。尼采认为，这并不能够成为偏爱这种文本变体"财产使房屋增强"（χρήματα δ' οἶκον ἀέξει）的理由。

概念与财产（χρήματα）一起出现时，该概念必然会被这个附加（das Hinzukommende）界定清楚：因为房屋（οἶκος）本身并不能够标识为庙宇，但是在一种这样的关联里无疑却是可能的：θήματα δ' ἀέξει οἶκον，"献祭 ['θήμα' 依据赫西基奥斯 [1] 的看法等同于 '献祭（ἀνάθημα）'] 装饰着庙宇"。

让我们先悬置掉这个变动，不如暂且观察一下《竞赛》一文中的相关诗句，无论如何应该是这一句：

> 看到有一位贤人坐在议会场合，多好。
> λαὸς δ' εἰν ἀγορῇσι καθήμενος εἰσοράασθαι.

我们会发现它完全不可理解。它绝对的隐晦，就像"看到"（εἰσοράασθαι）一词所构造的那样：参照刚刚所处理的那则警句诗，我们就会发现，与其说人民应是集会的一个修饰词，不如说诸王应是人民的一个修饰词。由此，我认为可能的是，我们的警句诗原初应该包含有六个诗行，其中的第三，第四行从前很可能是：

> 献祭装饰着庙宇，而尊敬则装饰着王权
> 臣民们看到诸王坐在议会场合，多好。
> θήματα δ' αὔξει οἶκον，ἀτὰρ γεραροὶ βασιλῆες
> λαοῖς εἰν ἀγορῇσι καθήμενοι εἰσοράασθαι.

---

1　赫西基奥斯（Hesychios von Alexandria），希腊语词典的编著者。可能生活于 4 世纪晚期。

　　那流传下来的形式无疑只是一位校勘学者的作品，他并没有觉察到第三行诗歌的脱落，面对这余下的显得很难理解的第四行，他找不到有比以下的校改更好的开始，于是就将"臣民"（λαοῖς）校改成了"人民"（λαὸς），将"他们坐"（καθήμενοι）校改成了"他坐"（καθήμενος）。

　　我在那个版本[1]的第6页所改动的一个行列，我清楚本不应当如此简短地去解释的：因此我应该会在随后对此有一个相关的深入研究，届时，我将连续地探讨赫西俄德与荷马的族谱问题。总体而言，还有几个在文学史上有着重要意义的关于这场竞赛的陈述，特别是那整体竞赛图景的概念和历史，都仍然有着宝贵的价值，值得去认真地对待：之前人们对这些文稿充满了成见，自然就不愿意去考察它们。但是，对于以下这类情形而言，那些文稿却是值得研究的，那些情形我之前无疑已经做出过描绘了，即我们在面对着文本上所有的残损和删节时，从它的核心里重新辨认出了一个古典时代的作品，它是由一个高尔吉亚门徒和演说家[2]杜撰出来的，并且它无论如何应该是一个用于教学的版本，虽然这是一份古老的荷马生平（βίος Ὁμήρου）的残破图案，但是它却让人们回忆起了叙事诗朗诵者的竞赛，回忆起了会饮时的谜语游戏和最为早先的荷马研究。

---

1　指向不明，或许指的是尼采自己在莱比锡大学时的《荷马与赫西俄德》校勘版，或许指的是杂志 Rheinisches Museum für Philologie 第 25 卷。很可能是前者。

2　即阿尔西达马斯。

# 荷马的竞赛 [1]
## （1872）

当人们谈论起人性（Humanität）的时候，会有这样一种观念位于其根底之处，即正是人性让人从自然中分离并且凸显了出来。但是，事实上这样一种分离并不存在："自然的"属性与那些被称为真正的"人的"属性是不可分割地生长在一起的。人，就其至高等、至尊贵的威势而言，是彻底的自然，并且他自身就拥有着自然那可怕的双重特性。他那可怕的非人的资质或许恰恰就是滋养人性的肥沃的土壤，只有在这里，才能够生长出冲动、行为、功业当中的所有的人性。

因而，作为古代最具有人性之人，希腊人身上有着一种残忍冷酷的特征，一种老虎般的毁灭欲：这种特征在希腊人怪诞夸张的镜像之上，即在亚历山大大帝的身上，也是清晰可辨

---

1 这篇手稿写于《悲剧的诞生》之后，是尼采研究古希腊文化的重要遗稿之一。在这篇文章中，尼采借荷马之名，来分析古希腊的竞赛文化，并进而探讨了道德的起源问题，以及古希腊民主政治（陶片放逐法）的合理性问题。本文译自科利（Giorgio Colli）和蒙提那里（Mazzino Montinari）主编的尼采全集（KSA 版）第1卷，783—792页。其他脚注为译者所加，编注则译自 KSA 版尼采全集第 14 卷（全集评注卷），107 页。其他脚注为译者所加，本文曾刊于《中国美学研究》（第四辑）。

的；然而，假如我们怀着软弱的现代的人性观念走向希腊人的历史与神话的话，希腊人的这种残酷特征必定会让我们陷入到恐惧当中。当亚历山大下令将加沙城（Gaza）英勇的保卫者巴提斯（Batis）[1] 双足刺穿，并将他的身体活生生地捆系在自己的战车之上，以便在士兵们的侮辱嘲笑声中将其来回拖曳时：[2] 这是一幅令人讨厌的从阿喀琉斯（Achilles）身上获得灵感的漫画，阿喀琉斯在夜间也曾通过相似的来回拖曳凌辱了赫克托尔（Hektor）的尸体；但即便是这种残酷特征本身，对我们而言也是令人不舒服的和野蛮的。我们在此发现了仇恨的渊薮。我们也怀着相同的感受来看待两个希腊党派血腥和不知足的相互斯杀，例如在科西拉革命（korkyräischen Revolution）[3] 中的斯杀。在城邦间的战争中，当胜利者依据战争的特权（Rechte）处死了全部男性公民，并将所有的妇女和儿童贩卖成为奴隶时，我们就会发现，在对这一战争特权的许可中，希腊人将仇恨的全然发泄视为一种严肃的必然。在这一时刻，被压制在一起肿胀的感情释放了自身：老虎飞跃而出，它那可怖的眼睛中流露出一种放肆的残忍。为什么希腊的雕塑家必须在无数的

---

1　波斯阿契美尼德帝国（Achaemenid Empire）时期，加沙城的守卫官。他拒绝投降亚历山大，加沙城被马其顿大军攻破后，亚历山大令人将其双足刺穿，捆绑在战车上，战车急驰绕736遍全城，巴提斯被拖曳而死。显然，亚历山大是要效法荷马史诗中阿喀琉斯羞辱赫克托尔遗体的方法，来处死巴提斯。

2　[当亚历山大……来回拖曳]根据"马格尼西亚的赫吉西阿斯"（Hegesias aus Magnesias），《希腊史学家的残篇》(Die Fragmente der griechischen Historiker，简称 FGrHist 或 FGrH）(雅各比 Jacoby)，142，5。——编注。马格尼西亚，古希腊色萨利（Thessalien）地区的一个州府。赫吉西阿斯（Ἡγησίας），古希腊哲学家，昔勒尼学派（Kyrenaiker）中的一员。

3　[科西拉革命]参看修昔底德《伯罗奔尼撒战争史》，第三卷，第70—85页；另可参看《漫游者和他的影子》(WS) 31。——编注

雷同之作里不断地描绘战争与格斗？描绘那些竭力向外伸展
的人的肢体，这些肢体上的肌腱因为仇恨或者胜利的傲慢而
紧绷；描绘那些蜷曲成团的伤者，以及那些奄奄一息的垂死
者？为什么整个希腊世界都对《伊利亚特》中的战争场面欢欣
雀跃？我担心，我们不能够以充分"希腊的"方式来理解以上
的问题，倘若我们曾希腊地理解了这些问题，我们必定会感到
颤栗。

　　但是，位于荷马世界背后，作为所有希腊元素母腹的究
竟是什么？在荷马世界里，我们已经被超乎寻常的艺术精确
性，宁静和纯洁的诗句所提升，从而超越至纯粹的材料熔冶之
上：荷马世界的色彩，经由一种艺术幻觉（Täuschung），显
得更加明亮，柔和与温暖；而荷马世界中的人物，也在这多
彩的温暖的光照中，显得更加美好，更加令人喜爱——但
是，倘若我们不再受荷马之手的引导和保护，而是往回，步
入到前荷马的世界（die vorhomerische Welt）之中，我们将会
发现什么呢？[1]只会发现黑暗和恐惧，只会发现一种习惯于阴
森恐怖的幻想的产物。这些令人厌恶的，可怕的神谱传说所
反映的究竟是什么样的尘世生存呵：一种仅受暗夜之子（die
Kinder der Nacht）支配的生活，即受争执、爱欲、欺骗、衰
老和死亡支配的生活。[2]让我们设想一下赫西俄德诗歌中沉重
的令人窒息的空气，继续变浓加厚，越来越阴沉灰暗，并且

---

1　Wohin schauen wir... 可直译为"我们会望向何处"，Wohin 这一问句与下文的回答
　　In Nacht und Grauen "黑暗与恐惧之中"，在句式上也构成对应。在此，顾及汉语
　　的阅读习惯，特将之译为"我们将会发现什么"。
2　尼采在这里将"争执、爱欲、欺骗、衰老和死亡"称为暗夜之子。

没有任何的缓和（Milderungen）和净化能从德尔斐神庙和诸神为数众多的祭所涌向希腊：让我们把这种变浓变厚的波奥蒂亚（böotische）[1] 空气同伊特拉斯坎人（Etrusker）阴沉灰暗的淫欲[2] 相混合；紧接着，这样一种现实就会从我们身上索取一个神话世界，在这个世界里，乌拉诺斯（Uranos），克洛诺斯（Kronos），以及宙斯和提坦神之间的斗争，必定会显得像是一种解脱（Erleichterung）；在这种阴郁的氛围中，战斗是拯救和解脱，胜利的残酷是生命之欢悦的顶峰。并且，正如希腊的法（Recht）的概念事实上是从凶杀和赎凶杀之罪发展而来的一样，高贵的文化也是从凶杀的赎罪祭坛上取得了它的第一个胜利花环。那个血腥时代随后在希腊历史上留下了一道深深的波浪沟纹（Wellenfurche）。俄耳甫斯（Orpheus）、穆塞俄斯（Musäus）[3] 的名字，以及他们的崇拜祭礼都揭示了，持续不断地关注一个争斗和残忍的世界将会导致何种后果（Folgerungen）——会导致对生存（Dasein）的厌恶，导致将这种生存视为一场有待赎罪的惩罚的观念，导致将生存等同于负罪的信念。然而，这些后果（diese Folgerungen）决非

---

1　波奥蒂亚（böotische）作为形容词指乡村的，粗野的，未开化的。

2　伊特拉斯坎人，居住于古意大利伊特鲁里亚地区（Etrurien）的民族，学界对其的来源和走向皆不清楚。通过坟墓壁画可知他们的生活奢华而又淫荡。与这一民族相关的还有规范修订人与诸神之间的关系的"伊特拉斯坎体系"（拉丁：disciplina etrusca，德：Die etruskische Disziplin），遗憾的是，现在我们只能通过罗马人的著述，复原这一体系的部分。

3　穆塞俄斯，古希腊诗人与预言家，据传是俄耳甫斯的儿子或学生。俄耳甫斯（Orpheus）在希腊神话中是阿波罗与缪斯女神卡利俄珀（希腊：Καλλιόπη，德：Kalliope）的儿子，优秀的诗人与歌手，后被酒神的崇拜者所杀死。后世有专门礼赞他的俄耳甫斯密仪教派，值得注意的是，该教派也礼赞酒神狄奥尼索斯。

希腊所特有：在这一方面，希腊与印度、甚至整个东方相类似。[1] "一种争斗和胜利的生活究竟想索求什么？"针对这个问题，希腊的天才已然准备好了另外一个答案，并且他们是在希腊历史的整个广幅上给出这个答案的。

　　为了理解希腊天才所给出的这个答案，我们必须假设，[2] 希腊天才给予那曾经如此可怕的存在着的冲动（den einmal so furchtbar vorhandenen Trieb）[3] 以承认，并视之为合理正当的：相反，在俄耳甫斯教派的演变中，却隐含了这样的思想，即根源于这种冲动的生活是不值得一过的。争斗和获胜的乐趣被认可：由此源发出了个体伦理概念的倾向（Färbung einzelner ethischer Begriffe），比如不和（Eris）与忌妒，没有什么能比这更使希腊世界有别于我们的世界了。

　　当旅行家帕萨尼亚斯（Pausanias）[4] 漫游着穿越希腊探访赫利孔山（Helikon）[5] 之时，有人向他展示了希腊人的第一首教诲诗、赫西俄德的《工作与时日》的古老誊清本，诗文刻写在几块铅板之上，饱受岁月和天气的摧残和蹂躏。不过帕萨尼亚斯仍然发现了，该古老誊清本有别于通常的版本，在它的开端并没有那段简短的宙斯颂歌，而是直接以"大地上有两

---

1　...berühren sich...，字面意思是"与……相接触、相触碰"。在此将之意译为"与……相类似"。

2　...davon ausgehen, dass...，有去假设，去理解，以……为前提等意思。

3　那曾经如此可怕的存在着的冲动，指的是上文提到过的战场上残忍的报复性冲动。

4　《希腊志》，第九卷，31，4。——编注。帕萨尼亚斯（又译为鲍萨尼阿斯），生活于公元 2 世纪的罗马时代，希腊地理学家和旅行家，著有《希腊志》（希腊道里志）。

5　赫利孔山（又译为埃利孔山），位于希腊中部，长年被积雪覆盖。传说缪斯女神在随同阿波罗前往德尔斐神庙之前，曾群居于此。赫西俄德在《神谱》中提到，他年轻时曾在赫利孔山下放牧（Hesiod, *Theogony*, 23）。

位不和女神"这样的宣告开始。这是希腊最引人注目的思想之一，它值得所有来到希腊伦理门口的人铭记于心。"一种不和"（Eris），[1] 只要人们拥有理智的话，就会对其大加赞扬，正如会对另一种不和大加谴责一样；因为这两位不和女神有着截然相反的性情。其中一位促使罪恶（schlimmen）的战争与冲突，多么残忍！没有哪位凡人会喜欢被她主宰，他们只是遵照永生天神的意旨，在必然的桎梏中，不得不向这位令人沉重难忍的不和女神示以敬意罢了。这位不和女神作为长女，由黑夜所生。但是至高主宰者宙斯却将另一位不和女神安置到了大地的根部和世人当中，这位不和女神相比较而言就要好上很多。她甚至会激励笨拙怠惰之人也去劳作；当一位缺少财产的人，敬羡地看到另一位富有的人时，他就会急忙效仿，依照相同的方式去耕种和培植，同时还会把家事都安排妥当；有人努力致富，他的邻居就会同他展开竞赛。这位不和女神对于人类来说是有益的。陶工也会嫉恨陶工，木匠嫉恨木匠，乞丐忌妒乞丐，歌手忌妒歌手。"[2]

最后两行涉及陶工的嫉恨（odium figulinum）[3] 的诗句，在我们的学者看来是不可理解的。依据他们的判断，"嫉恨"（Groll）和"忌妒"（Neid）这样的谓词只合乎那位罪恶的不和女神的本性（Wesen）；于是他们毫不犹豫地认定，这两行诗句是伪造的或者是偶然植入该处的（durch Zufall an diesen Ort

---

1　厄里斯（Eris），不和女神，宙斯与赫拉之女。曾经挑起长达十年之久的"特洛伊战争"。

2　["大地上有两位不和女神……歌手妒忌歌手"] 赫西俄德，《工作与时日》，11—26 行。——编注

3　陶工的嫉恨（odium figulinum），亦可译为同行业间的嫉恨（trade-jealousy）。

verschlagen）。[1] 然而，在此这些学者必定是傻乎乎地受到了有别于希腊伦理的另外一种伦理的激发：因为亚里士多德[2] 就没有感觉到这些关于好的不和女神的诗句中有任何矛盾碰撞之处（Anstoß）。而且不止亚里士多德，整个古希腊世界在思考嫉恨和忌妒时都与我们不同，他们都像赫西俄德那样来评判，赫西俄德曾将一位不和女神描述为恶的，正是这位恶的不和女神引导人们走向互相敌对和毁灭的战斗，进而赫西俄德又将另一位不和女神称赞为善的，她代表着醋意（Eifersucht）、嫉恨、忌妒会刺激人们采取行动，但并不是采取行动开展毁灭性的战斗，而是采取行动去竞赛。希腊人（Der Grieche）是好妒的（neidisch），他们并不觉得这种品性是缺陷，而是将其感受为是出于一位慈善的神祇的影响：在我们和希腊人之间存在着怎样一道伦理判断的鸿沟呵！因为希腊人（er）是好妒的，每当拥有的荣誉、财富、光辉和好运过度之时，他也会感觉到有一位神祇的忌妒的眼睛停留在自己身上，并且他是害怕这种神祇之妒的；在这种情况下，他就会提醒自己，人类的每种运气（jede Menschenloose）[3] 都不过是暂时的，这令他在自己的好运面前感到惧怕，于是他将最好的东西当为祭品献出，臣服于神明的忌妒。这样的想法（Vorstellung）[4] 决不会令他与他的神祇们疏离：相反诸神的意义由此却得以明确阐释，即人决对不能斗胆与神祇们竞赛，虽然在他的灵魂中燃烧着对其他任何一个

---

1　...verschlagen，在这里有"引导……终结于……"之意。可译为"这两行诗句被偶然地引植于此处"。

2　亚里士多德《修辞学》，1388a，16；1381b，16—17；《尼各马可伦理学》，1155a，35—b1。——编注

3　Menschenloose，词根 -los-，有彩票、抽奖、命运之意，在这里译为运气。

4　这里指上文提到的害怕神祇之妒的想法。

有生之物（Lebende Wesen）的忌妒。在塔米利斯（Thamyris）[1]
和缪斯以及玛耳绪阿斯（Marsyas）[2]和阿波罗的争斗中，在尼
俄柏（Niobe）[3]感人的命运中，都表现了人与神两种力量的可
怕对立，而这两种力量却是绝对不允许相互斗争的。

　　然而一个希腊人愈是伟大和崇高，野心勃勃的火焰就会愈
发明亮地从他那儿爆发出来，损耗着每一位跟他行走在同一条
道上的人。亚里士多德[4]曾以宏伟的风格开列过一份这种敌对
竞赛的清单：其中最为引人注目的例子是，甚至一位死者依然
能够让一位生者激发起损耗人的忌妒来。也就是说，亚里士多
德所描绘的是科洛丰的色诺芬尼（Kolophoniers Xenophanes）
与荷马[5]之间的关系。我们不能够理解色诺芬尼对这位民族诗

---

1　塔米利斯，色雷斯人，希腊神话里著名的歌手，诗人，七弦琴（Kithara）演奏者，
　阿波罗的儿子菲拉蒙（Philammon）之子。自认歌技超群就斗胆向缪斯女神挑战，
　并扬言如果获胜，他就要迎娶缪斯女神中的一位为妻，他的无礼激怒了缪斯女神，
　因此而受到了天谴，成为盲人并丧失了歌唱技艺。

2　玛耳绪阿斯，据说他曾捡到雅典娜遗弃的双长笛（Aulos），双长笛是雅典娜模仿
　蛇发女妖（Gorgon）三姐妹中的尤瑞艾莉（Euryale）的哀叹声制作而成的，玛耳
　绪阿斯习得笛子的吹奏方法后，就向阿波罗挑战，要用双长笛和阿波罗的七弦琴
　一比高下，比赛输了之后，被阿波罗吊挂在云杉树上以示惩罚，后又被活生生地
　剥皮杀死。他的血流出来变成了玛耳绪阿斯河。

3　底比斯的王后，生有七儿七女，自以为胜过只生有一儿一女的勒托并阻止民众崇
　拜她，因此而得罪了勒托，儿女分别遭到阿波罗和阿忒弥斯的射杀。

4　[亚里士多德]《残篇》（罗斯），《诗学》，残篇7（出自第欧根尼·拉尔修，II 5，
　46）。——编注

5　[荷马]赫西俄德与荷马。誊清稿（*RS*）。——编注（KSA 13卷，107页）。科洛
　丰的色诺芬尼（Xenophanes von Kolophon），古希腊的哲学家和诗人。尼采在誊清
　稿中写的是赫西俄德与荷马，后来又改为色诺芬尼与荷马。可能是考虑到色诺芬
　尼与荷马的敌对更为重要一些。色诺芬尼是最早批评荷马的歌手之一。他认为荷
　马和赫西俄德的诗中神人同形同性，是不妥当的。他有句名言"如果牛和马有神
　的话，那么神也会长得跟牛和马一样"。他不像荷马和赫西俄德那样主张多神论。
　色诺芬尼主张一神论，他认为，神的形象应该是永恒、单一、不动和完满的。

艺英雄的攻击力量，倘若我们不考虑到这种对荷马的攻击的
根源，如同后来的柏拉图对荷马的攻击一样，是出于一种让
自己取代被打倒的诗人的地位并且继承他的声望的巨大欲念
的话。每一个伟大的希腊人都在传递着竞赛的火炬；而每一种
伟大德性都会将一种新的伟大引燃。当年轻的地米斯托克利
（Themistokles）[1] 因惦念米太雅德（Miltiades）[2] 的桂冠而辗转难
眠之时，[3] 他那很早就被唤醒的欲望，最初就在与阿里斯提德
（Aristides）[4] 的长期对抗中得以释放，继而成就了他独一无二，
令人惊叹又纯然本能的政治活动天赋，地米斯托克利的这种政
治活动天赋修昔底德[5] 曾向我们描述过。当伯利克里的一个著
名对手被问及，城邦里最好的摔跤手是他还是伯利克里时，这
里的提问和回答又是多么的具有代表性，他的回答是："即使
我把他摔倒在地，他也会否认自己已然倒下了，他达到了目
的，并且还说服了那些看到他倒下的人。"[6]

倘若人们想要在其朴素的表达中，正确明了地发现那种
感情，即发现只要城邦的福祉应当存续，竞赛就是必要的感

---

1 地米斯托克利，雅典政治家，军事家。马拉松战役后登上政治舞台，力主发展海军，并领导希腊人赢得萨拉米湾海战。后因为声望和权力过于超群，希腊人害怕出现独裁局面，就依据陶片放逐法将其放逐，令其十年之内不得重返雅典。

2 米太雅德，亦称小米太雅德（希腊：Μιλτιάδης ὁ Νεώτερος），曾领导希腊人赢得马拉松战役。

3 [ 当……之时 ] 普鲁塔克（Plutarch），《希腊罗马名人传：地米斯托克利》，3。——编注

4 阿里斯提德，雅典政治家，军事家。有绰号为"公正（der Gerechte）"。地米斯托克利的政敌，曾被希腊人依据陶片放逐法放逐，在萨拉米海战时被召回，与地米斯托克利并肩作战。

5 [ 修昔底德 ] 参看《伯罗奔尼撒战争史》I，90—93。——编注

6 [ 即使……看到他到下的人 ] 普鲁塔克，《希腊罗马名人传：伯里克利》8。——编注

情，那么人们就需要思考一下陶片放逐法（Ostrakismos）[1]的原初含义：比如就像它在以弗所人（Ephesier）放逐赫尔默多（Hermodor）[2]时所表达的那样，"在我们之中没有人可以是最好的；如果有人是的话，那就请他到别的地方去，去和其他人在一起。"[3]究竟为什么不能有人是最好的呢？因为如此的话，竞赛就会终结，而希腊城邦永恒的生活根基就会受到威胁。后来陶片放逐法又获得了关于竞赛的另外一重见解：陶片放逐法会被运用于，以下这种危险显而易见之时，即如果一位竞赛中的大政治家或者党派首领在斗争的白热化阶段，感觉到要被刺激地采用有害和破坏性的手段，并且有了要发动政变的危险时。然而这个特殊设置的原初意义并不是充当一种安全阀门，而是作为一种鞭策手段：人们清除掉卓越的个体，因此诸种势力的竞赛游戏又一次苏醒了：这种思想，是与现代意义上的天才的"排他性"思想相敌对的，不过它的假设是，在一种事物的自然秩序中，总会存在着许多个天才，他们互相激发着去行动，就像他们也会彼此恪守尺度的边界一样。这就是希腊竞赛观念的核心：它憎恶独裁专权（Alleinherrschaft），害怕它的危险，作为针对天才的防护措施（Schutzmittel），它渴求着——第二个天才。

每一种天赋都必须要通过斗争来展现它自己，希腊的大

1 陶片放逐法亦译为贝壳放逐法，是雅典政治家克里斯提尼（Cleisthenes）创立的一条法规，依据这条法规，雅典公民可以放逐任何一位威胁到城邦民主制的政治人物。
2 赫尔默多，赫拉克利特的朋友，曾经因为政治原因被流放。
3 在我们之中……和其他人在一起] 赫拉克利特（迪尔斯-克兰茨）残篇，121。——编注

众教育（Volkspädagogik）正是这样要求的：然而现代的教育者们最为惧怕的却莫过于所谓的好胜心（Ehrgeiz）的释放。在此人们害怕自私（Selbstsucht）这种"恶自体"（Böse an sich）[1]——耶稣会信徒要排除在外，耶稣会信徒在这一点上的倾向和古人（die Alten）是相同的，因此，他们极有可能是我们这个时代里最有影响力的教育者。他们看上去相信，自私，即个体元素（das Individuelle），只不过是最强大的驱动力（Agens），然而自私的特性是"善"还是"恶"，从本质上来讲却要取决于个体极力追寻的目标。但是对于古人来说，竞赛教育的目标是全体的福利（Wohlfahrt），也即是城邦社会的福利。例如，每个雅典人都应该在竞赛中尽可能地发展自己，以便能给雅典带来最大的利益和最小的损害。希腊人的自我发展（Es）不像大多数的现代好胜心那样，没有度量，也无可估量：当青年人竞赛着跑步、投掷或歌唱时，他想到的是母邦的福祉；他想要通过自己的荣誉来为母邦增添荣誉；裁判表达敬意在他的头顶安置的花环，他却将之献给母邦的神祇。每个希腊人从儿时起就在自己身上感觉到一种炙热的欲望，即在城邦间的竞赛中，成为一个实现母邦福祉的工具：在此，他的自私得到激发，在此，他的自私也同时被约束和限制。因此，在古代世界中个体更为自由，因为他们的目标更切近，也更容易触及。与此相反，现代人却无处不被无限性所制约，就像埃利亚的芝诺（Eleaten Zeno）[2]的寓言里捷足的阿喀琉斯（Achill）一

1 这里指现代的教育者们将自私视为恶的根源。值得玩味的是，"自私"（Selbstsucht）字面意思为"寻求自身"，而"好胜心"（Ehrgeiz）的字面意思则是"渴求荣耀"。
2 芝诺（德：Zenon von Elea 希腊：Ζήνων Zénōn），古希腊哲学家，埃利亚学派代表人物。

样：无限性阻挡着他，他甚至不曾赶超过一只乌龟。

然而，正如接受教育的青年在相互竞赛中被培育一样，他们的教育者相互之间也在竞赛。品达（Pindar）和西莫尼德斯（Simonides），[1] 两位宏伟的音乐大师，会疑虑又嫉妒地并肩而行；智术师，这古代世界的高级教师，会在对抗竞争中与其他的智术师相遭遇；甚至那最为普遍的教诲，也只能在伟大的音乐和戏剧艺术家们激烈争斗的形式中，通过戏剧（Drama），才能授予民众。多么不可思议呵！"艺术家也嫉恨艺术家！"现代人最惧怕一位艺术家的莫过于他身上的个人斗争冲动，然而希腊人却只在艺术家的个人斗争中才了解艺术家。在现代人觉察到艺术作品的弱点之处，希腊人却要在那里寻找他们的至高力量的源泉！例如，柏拉图对话中具有特殊的艺术意味的东西，主要是柏拉图与其同时代的演说家，智术师，以及戏剧家的艺术一次竞赛后所得出的成果，柏拉图创造这些东西，是为了最后他能够说："瞧呀，我的伟大对手们能做的事情，我也能做；事实上，我可以比他们做得更好。普罗泰哥拉之流中没有哪位能像我一样创作出如此美丽的神话，戏剧家中没有哪位能创作出像《会饮篇》（Symposium）一样如此鲜活而又吸引人的整体，而演说家中也没有哪位能写出像我在《高尔吉亚篇》（Gorgias）里所描绘的那样一场演说——现在我要抵制这所有的一切并批判所有的模仿艺术！但是（Nur）竞赛却把我变成了诗人，智术师和演说家！"什么样的问题会在此向我们展现出来，倘若我们针对竞赛和艺术作品的孕育之间的关系进行

---

1 西莫尼德斯，又译为科奥斯的西蒙尼德，古希腊抒情诗人。据说，他曾受锡拉库扎国王希尔罗一世（德：Hieron I. von Syrakus）的邀请，同巴库利德斯（Bacchylides）一起前往西西里，在那里他们会见了品达。

追问的话！——

　　如果我们反其道而行之，将竞赛从希腊的生活里携走，那么我们就会即刻发现那道前荷马（vorhomerischen）的深渊，它充溢着一种由仇恨与毁灭欲所主宰的残暴野蛮。当一个伟大的人物，经由一次极其杰出的行动，突然地退出了竞赛，并且依据他和他的市民同胞的判断，hors de concours[ 尊凌于竞赛之外 ]，[1] 这样的现象[2] 就会遗憾的如此频繁的出现。这种影响几乎毫无例外是可怕的；当人们惯常于从这种影响里得出结论，认定希腊人无力承受声誉和福佑的时候：如此，人们应该更为准确地说，希腊人无力承受没有更多的竞赛的声誉，无力承受竞赛结束之后的福佑。没有比米太雅德最后的命运[3] 更为明显的例子了。通过马拉松之战无与伦比的成功，他被放置到一个孤独的巅峰，被远远地抬升到每一位战友之上：他感觉到自己内心一种卑下的复仇欲望苏醒了过来，此复仇欲是针对一位与他素来有仇的帕洛斯公民的。为了满足这种欲望，他滥用了声望、国家财富和市民荣誉，并且丢失了自己的脸面。饱尝失败感之后，他便筹划起了卑劣的阴谋。他和德墨忒尔神庙女祭司提墨（Timo）达成了一种隐秘的、不敬神的联系，并于深夜

---

1　hors de concours，字面意思为 "竞赛之外"，如果某人在竞赛中异常优秀，曾多次获胜，那么就会被判定为 hors de concours，也就是说此人被认定为无需再参加竞赛，当然此人亦可再次走上赛场，但也不过是以友情参赛的身份，而不是参赛选手的身份，也就是说，他不再去争夺奖杯和荣耀。

2　指上文：竞赛取消后，或者有人凌驾于竞赛之上后，就会出现由 "仇恨与毁灭欲所主宰的残暴野蛮"，即出现一道前荷马的深渊。

3　米太雅德在马拉松战役胜利之后，政治上获得极大成功。后来他在一次进攻帕罗斯岛的阿提卡战役中失败，返回雅典后被伯里克利的父亲科桑西普斯（德：Xanthippos）指控，并判以死刑，后又改判为高额罚金，因支付不起罚金，米太雅德只得困于牢狱中，因战争中的伤口恶化而死。

走进了严禁任何男人入内的神庙圣殿。当他跃过墙壁，越来越
近地走向女神的圣所时，一阵慌乱的惊吓所引起的极度惶恐突
然袭击了他：他觉得自己差点崩溃并且失去了意识，被驱赶着
退了回来，在他跃出墙外之后，他下肢麻痹瘫倒在地上，并且
身受重伤。谋划的围攻必然被废止，人民公审在等待着他，于
是一次可耻的死亡在一位英雄的光辉生涯上打下了自己的印
记，使他的光辉生涯在后世变得暗淡。[1] 在马拉松之役以后，
天神的嫉妒就捉住了他。当他在人类中找不到任何竞争者，毫
无对手地处于孤独的荣誉之巅时，神的嫉妒就自行点燃了。而
今，他只有诸神在自己的身旁 —— 因此他就有了诸神来反对
他自己。这就引诱着他走向了一次傲慢的行动，因而，在这次
行动中他也垮台了。

我们无疑会注意到，如同米太雅德的毁亡一样，当那些至
为高贵的希腊城邦通过功绩和福佑，从赛道跑至胜利女神的
圣殿之时，它们也随之毁亡了。雅典，它毁坏了它的同盟者
的独立性，并且严厉地惩处了被征服者的反抗，斯巴达，它
在伊哥斯波塔米（Aegospotamoi）战役[2] 之后，便以更为严厉
和残暴的方式来表达它在掌控希腊上所占据的优势，它们，[3]
亦如同米太亚德一般，由于傲慢的行动而招致毁亡，这证明
了，要是没有了忌妒、醋意和竞赛的好胜心，希腊城邦就会
如同希腊人一般衰败堕落。他将会变得邪恶而又残暴，变得

---

1　[他觉得……暗淡] 希罗多德，《历史》第6卷，133—136。——编注
2　伊哥斯波塔米战役是伯罗奔尼撒战役结束之时的局部战役，以海战为主，此役中，
　　斯巴达一举击溃雅典海军。并进而乘胜逼迫雅典投降。希腊的民主时代也随之而
　　终结。
3　指雅典和斯巴达。

睚眦必报而又不敬神明，简而言之，他将会变成是"前荷马的"（vorhomerisch）——进而只需要有一阵慌乱的惊恐，就可以造成他的垮台、溃败。斯巴达和雅典将自己交托给了波斯，一如地米斯托克利和阿尔西比亚德斯（Alkibiades）所做的那样；[1] 在抛弃了竞赛这至为高贵的希腊基本思想之后，他们就背叛了希腊精神（das Hellenische）：于是，亚历山大，这希腊历史粗鄙化的摹本和简缩词，而今就构造出了普世的希腊人（Allerwelts-Hellenen）以及所谓的"希腊化时代"（Hellenismus）。[2]

---

1  地米斯托克利和阿尔西比亚德斯有生之年都曾投奔过波斯，为波斯帝国效力。
2  [普世的希腊人……"希腊化世代"] 誊清稿为："波斯的希腊人"（persischen Hellenen）。——编注

# 1871 年手稿（摘选）[1]

## 1

关于荷马的古代王国。

荷马神话与赫西俄德神话。荷马崇拜（Der Homercultus）。

作为真理的教师的诗人。

象征意义的阐明，因为他[2]无论如何都应该被正当地记住。

竞赛中的判决不是美学的，而是普遍的、通常的（universal）。

诗人被评定为是"崇高的人"，他的诗歌是真的，好的，美的。

只有诗人和他的观众心意相通，这判决才谈得上是公正的。

剧作家们现在又从史诗中提取材料并凝练出新的叙事诗。

荷马诗歌是竞赛歌唱的结果。赫西俄德的诗歌也是如此。一位吟唱《伊利亚特》的歌手，如同一位吟唱《奥德赛》的歌手。

---

1　该文译自 MusA 版《尼采全集》第 2 卷，380—388 页。这些手稿大都与《荷马的竞赛》一文有关。本文所有脚注为译者所加。本文收录于《德意志思想评论》（第八卷）。

2　指荷马。

*荷马和赫西俄德的名字是获胜者的奖品。*

## 2

艺术家与非艺术家（Nichtkünstler）。什么是艺术判断（Kunsturtheil）？这是普遍的问题。

诗人之所以成为可能，在于诗人的一位观众。（瓦格纳的"尼伯龙根"的影响。）一位富有想象力的观众。这同时也是诗人的题材，诗人培育出这题材。写诗本身只是一种想象力的刺激和引导。这真正的乐趣，生动场面的生产，在于诗人之手。因而，诗人与批评家的对立是无意义的——有意义的是雕塑家与大理石的对立，*诗人与题材的对立*。

裁决在竞赛（ἀγών）中只不过是种自白书（Geständniss）罢了：（这即是说）竞赛令我们变得更接近诗人：正因为我们追随着诗人，我们才能更快地创造出生动场面（Bilder）。因而一个艺术的判断，是从一种艺术家能力的刺激中获得的。并不是从*概念*中获得的。

所以神话依然活着，诗人将自己的梦寄托在了神话之中。所有的艺术法则都与这种寄托有关。

美学只有作为自然科学（Naturwissenschaft）[1] 才有意义：例如阿波罗元素与狄奥尼索斯元素。

## 3

作为工匠（δημιουργός）的叙事诗朗诵者——他并不会

---

1　尼采这里说的自然科学，显然与我们当下所理解的自然科学并不相同。对尼采而言，狄奥尼索斯与阿波罗的二元对立，就是一种自然科学。

被认为是真正的天才，相反他会被看作是与荷马，这位所有诗
歌的元祖英雄的融合。

值得注意的是，他们抵制着诗歌个体（dem dichterischen
Individuum）的存在。[1] 竞赛嘉奖工匠。哪里有手工业（Handwerk）
存在，哪里就有竞赛。

只有史诗里的英雄才是真正个体的，*生动的*。当代（die
Gegenwart）在这些英雄中重新辨认出了自己并继续会在他们
之中生活下去。

那么，究竟是从什么时候开始在希腊人那里才产生了个体
（das *Individuum*）呢？

4

竞赛！以及个体的自我牺牲！

这不是历史的人，而是神话的人。

当人在远古神话中被遮盖之时，所谓的个体元素（das
Persönliche）也就只有声誉（Ruhm）罢了（就像在品达那里
一样）。

竞赛！希腊人中的贵族气，血统，崇高（Edle）！

这里竞赛的不是个体，而是互相之间的理念。

---

1 尼采认为，诗歌个体的出现是一种堕落。诗歌原初的状态应该是合一的，融合的
  状态，这即是说，诗人在追求一种与荷马或赫西俄德的融合。谁融合的更成功，
  荷马或赫西俄德的名号就会赐予谁。尼采这种解释诗歌发展的思想，亦见于他的
  巴塞尔大学就职演讲《荷马与古典语文学》中。

## 5

具有神话特征的竞赛的对抗之物（Gegensatz）：即，竞赛会阻碍个体的自我寻求（die Selbstsucht）。[1] 人被认为是一种过往／历史（Vergangenheit）的结果，只有在人的身上过往／历史才会被尊重。

希腊意志（der Hellenische Wille）通过什么样的方式，来预防竞赛中赤裸裸的自我寻求（自私）并令其为整体服务呢？神话。例如：埃斯库罗斯（Aechylus）的《奥瑞斯忒亚》(Oresteia) 与政治事件。[2]

这种神话精神首先就描绘出了特殊的（individuell）[3] 过往／历史，这也就意味着，过往／历史自己是自己的基础。

现在这种神话精神也宣告：艺术家如何才能被允许竞赛：只要他们把自己当成是媒介，他们的自我寻求（自私）是纯净的：就像祭司代表他的神登场时，他却没有虚荣心一样。

---

1　Selbstsucht，意为自私。但尼采在这里应该采用的是字面意。即自我—寻求（Selbst-sucht）。

2　《奥瑞斯忒亚》是埃斯库罗斯的悲剧三部曲，包括《阿伽门农》、《奠酒人》和《福灵》。尼采认为，在这几部悲剧中，正是神话抵制了英雄的自私行为，并责令英雄为整体（神话秩序或竞赛秩序）服务。

3　需要注意的是，individuell 这个单词有特殊的含义，也有个体的、个人的含义。尼采在这里虚构出了一种个体化的历史 [ 个体化的历史过程堪称是人类精神的堕落史 ]。首先神话精神想象并描绘出了一种特殊的历史，而竞赛文化就在这一特殊的历史中产生。竞赛并不是鼓励竞赛选手（艺术家）的个体化，恰恰相反，竞赛选手（艺术家）只有放弃自己的个体性，借荷马或赫西俄德之名来讴歌神话，才会被允许竞赛。但是竞赛发展到后来，艺术家却逐渐抛弃了神话，转而追求自己的艺术特性，于是才导致了诗人个体的形成，而荷马、赫西俄德的名号才会与某位远古的诗人个体有关。

恩培多克勒（Empedokles），[1] 一位有表演欲的即兴诗人：本能的力量（die Macht des Instinctiven）。在恩培多克勒那里对不同存在的信仰是真正希腊的。

希腊神话中的个体教育（die Individuenbildung）是轻快的。

## 6

*竞赛个体的负重。*（*Leiden des agonalen Individuums.*）

索福克勒斯（Sophokles）的《菲罗克忒忒斯》（Philoktet）：[2] 作为被放逐之歌被理解。希腊人都明白这一点。

《特拉基斯妇女》（Die Trachinierinnen）：[3] 不是一个讲述忌妒的悲剧。爱的魔力会导致不幸。爱让妇女变盲，从而做出蠢笨的举动。爱诞生出毁灭。

《厄勒克拉特》（die Elektra）[4]——这位英勇的妇女，被索

---

1　恩培多克勒，古希腊哲学家，政治家和诗人。主张世界是由水、土、火、气四种元素构成（四根说）。据说他为了证明自己会升天成神而跃入了埃特纳火山。

2　菲罗克忒忒斯，希腊神箭手，赫拉克勒斯的朋友。在前往特洛伊途中被毒蛇咬伤，奥德修斯将其遗弃在利姆诺斯岛（Limnos）上。在荷马史诗《伊利亚特》中，菲罗克忒忒斯最终射杀了拐走海伦并引发特洛伊战争的王子帕里斯（Paris）。《菲罗克忒忒斯》也是索福克勒斯的一出戏剧。

3　《特拉基斯妇女》，索福克勒斯现存最短的悲剧。主要讲述英雄赫拉克勒斯在一次战争胜利后，爱上了俘虏，俄卡利亚国王欧律托斯（Eurytos）的女儿伊奥勒（Iole），赫拉克勒斯的妻子德伊阿妮拉（Deianira）害怕被丈夫遗弃，就送给丈夫一件涂有毒血（德伊阿妮拉以为这是挽救婚姻的"爱药"）的衬衣，赫拉克勒斯穿上这件衬衣后苦痛难当，发狂自杀。

4　《厄勒克拉特》，索福克勒斯的一出悲剧。厄勒克拉特是阿伽门农（Agamemnon）与克吕泰涅斯特拉（Klytaimnestra）的女儿。阿伽门农被妻子和其情夫谋害之后，厄勒克拉特很是伤痛，她指责自己的母亲，并要求惩处奸情。而克吕泰涅斯特拉则认为阿伽门农死有应得，因为他杀害了自己的另一个女儿，伊菲革涅（Iphigenie）。厄勒克拉特最后帮助哥哥俄瑞斯忒斯（Orestes）完成了对母亲的复仇。厄勒克拉特情结后来成为恋父情结的代称。

福克勒斯塑造了出来。

埃阿斯（Ajax）[1]——这位伟大的个体——他让希腊人从个体化的巅峰开始垮落！50 句诗行之后，另一位埃阿斯现在已经不再可能。

7

个体（das Individuum）：差异化的阿波罗冲动，塑形并且因此——假象的（scheinbar）——创制出众多个体。

阿波罗式的荷马（Der apollinische Homer）只不过是人类总体艺术进程的延续罢了，我们得把自我意识的形成（die Individuation）归功于他。正是这位作为先行者的诗人，臆造出了差异化的语言。

*这种本能的塑形力量在生产（Zeugung）中表现它自己：一种艺术冲动在这里活跃。*

似乎正是这种艺术冲动，强迫着艺术家走向自然的理念化（Idealisiren der Natur），同时也强迫着每一个人用图解的方式来观察自己和自然。最终，这种冲动必然会操纵眼睛的构造。而智力（der Intellect）则证实自己不过是一种后果，这种后果出自一种首先是艺术的感官构造。

这种艺术冲动的觉醒区分出了兽类生物（die animalischen

---

1　埃阿斯，特洛伊战争中希腊联军的英雄，声望仅次于阿喀琉斯。埃阿斯的母亲是特洛伊王子帕里斯和赫克托尔的亲姑姑；而其父亲则是阿喀琉斯的亲叔伯。埃阿斯尴尬的身份，可能也是他不被希腊神所认可的原因之一。埃阿斯曾经保护阿喀琉斯的尸身不被敌军侵犯，但是，这件功绩却被奥德修斯所霸占。奥德修斯用花言巧语欺骗了希腊人。奥德修斯的守护神雅典娜令恼怒的埃阿斯迷失理智。英雄将羊群当成敌人，疯狂杀戮。埃阿斯清醒之后，不甘受辱，自杀身亡。

Geschöpfe）。没有任何动物可以像我们这样，如此艺术的看待自然。但是也的确存在着一种动物的艺术等级。

形式观察 —— 是一种超越本能的持续痛苦的手段。感官（Organe）创制出了它。

声音与此相反！它不属于这个表象世界，相反，它谈论的是非表象世界，永远的清晰可懂。声音联合万物，然而，眼睛却分离万物。

## 8

诗人为了存在，将战斗理想化为一场自由的竞赛，他通过这种方式克服了战斗。[1] 在竞赛中的存在，也是需要经过争斗才能获得的，不过这存在是颂扬中的存在，是获得后世声誉的存在。

诗人教育：他洞悉希腊人老虎般的撕咬本能，并将之转化为一种善的不和（Eris）。[2]

*阿波罗的民众也是个体的民众（das Volk der Individeuen）。表达（Ausdruck）：竞赛。*

*体育即理想化的战争。*

*而国家原理（das Staatenprincip）首先就是细小的如神一般的文化领域的不和。*

## 9

*针对个体的过度自我寻求（自私）的药剂：*

---

1　这里指的是诗人为了人类的生命能够继续生存，就将残酷的战争理想化为竞赛。竞赛只是为了荣誉，而不是为了你死我活。
2　参见尼采在《荷马的竞赛》中提到的两种不和：战争与竞赛。

对家园的直觉（der Heimathsinstinct），
公开性（die Oeffentlichkeit），
竞赛，
爱情（φιλία）。

希腊天性如何懂得去利用所有*可怕的*特性：
这在竞赛中老虎般的毁灭巨怒 [ 家族的（der Stämme）等等 ]，
非自然的冲动（通过人来教育青年），
亚洲的狂欢本性（在狄奥尼索斯元素中），
个体在阿波罗元素中的敌意孤立。（《工作与时日》Erga[1]）
这种从有害向有利的应用就是在赫拉克利特的世界沉思
（der Weltbetrachtung Heraklit's）中的理想化。

（结语：酒神颂歌在艺术与艺术家之上：因为它首先创造
出了人类，并将他所有的冲动转移到文化之中。）

## 10

在大师（Meister）那里学习，在敌人那里认识自己。
艺术流派与作为艺术前提条件的竞赛。
流派的接续（διαδοχή）。[2] 流派接续最强大的影响力特别体
现在雕塑艺术（der plastischen Kunst）之上，最终苏格拉底冲
动侵入雕塑艺术。[3]

位于*庭审之前*的竞赛（Der Wettkampf vor *Gericht.*）。

---

1 Erga 在这里是 Érga kaì hêmérai (Ἔργα καὶ ἡμέραι)，即《工作与时日》的缩写。
2 需要注意到的是，艺术流派的接续也是一种竞赛。
3 雕塑艺术（die plastische Kunst）亦可翻译为象形艺术或直观艺术。尼采认为，竞
赛在这种艺术中的表现就是流派的接续，然而最终，苏格拉底冲动却攻陷了这一
艺术形式。

从竞赛中滋生出来悲剧的*对白*（Der *Dialog* der Tragödie aus dem Wettkampf entstanden.）。

## 11

*临时性计划*（*Vorläufiger Plan.*）。

第一章，赫拉克利特（Heraklit）。从赫拉克利特那里发展而来的竞赛的概念。

第二章，*希腊人那里的竞赛*。城邦中的竞赛，崇拜祭祀上的竞赛，教育上的竞赛，文化上的竞赛（柏拉图与智术师们）。

第三章，*与个体展开的英雄的 —— 神话的争斗*（*Kampf des Heroisch-Mythischen mit dem Individuum*）。在个体觉醒之前，*英雄世界就已经觉醒为众个体的世界了。英雄的 —— 代表与竞赛的个体之间的争斗：在品达与荷马的作品中，甚至荷马自己的身上。

第四章，*竞赛传说*。赫西俄德的不和女神（Eris）。个体让辛勤劳苦（Mühe）觉醒：神话的形式却妨碍这种觉醒。神话的残余。毕达哥拉斯（Pythagoras），埃庇米尼得斯（Epimenides），[1] 恩培多克勒，庇西特拉图（Pisistratus），[2] 柏拉

---

1　埃庇米尼得斯，古希腊诗人，哲学家，预言家。据说他曾经长睡 57 年不醒，等醒过来之后，却神奇地获得了预言的能力。与他相关的还有著名的"埃庇米尼得斯悖论"。埃庇米尼得斯曾说过，克里岛人说谎。但是，埃庇米尼得斯也是一位克里岛人。所以，如果他说的这句话是真的，那么克里岛人中就至少有一位没有说谎。因此，判断克里岛人说谎的命题就不成立。而如果他说的这句话是假的，那么，克里岛人就是诚实的，但是现实是克里岛人埃庇米尼得斯却撒了谎。于是，这个悖论又回到了原点。

2　庇西特拉图（Peisistratos，Peisistratus），尼采原文对该姓名的拼写有误。古希腊雅典僭主。

图。[1] 传说出自荷马的*神话见解的时代*（Sage aus der Zeit der *mythischen* Auffassung Homers.）。

第五章，*德尔菲作为祭礼场所*。[2] 这处于根基处的德尔菲式的答案。这叙事诗朗诵者。

第六章，*叙事诗朗诵者与作品*（*die Composition*）。《伊利亚特》这部作品。《工作与时日》的*产生*（Entstehung der Erga.）。

> 作为荷马而出现的叙事诗朗诵者。
>
> 循环周期（Der Cyclus）与那不断自我洁净化的荷马的概念（Begriff）。[3] 个体作为无足轻重之物（das Geringere）出现（叙事诗朗诵者的名字。）[4]

第七章，*美学判断*。何谓美学判断？

> 在悲剧中的裁判风格（das Richterthum）。
>
> 艺术家之间的竞赛以公正的观众为前提条件。
>
> *缺少这样的观众，那么他就处于流放之中了*（菲罗克忒斯）。
>
> 所有的艺术规则都将自己与*传播*关联起来（但却没有与原初的梦与醉关联）。

---

1　尼采列这些人名，是因为他们的作品中或人生事迹中都有神话残余。

2　德尔菲神庙是日神阿波罗崇拜与酒神狄奥尼索斯崇拜的竞争场所。依据生活于罗马时代的希腊作家普鲁塔克（Plutarch）的说法，德尔菲神庙属于阿波罗，同样也属于狄奥尼索斯，在冬季三个月的时间里，狄奥尼索斯是德尔菲唯一的圣殿之神。

3　尼采认为，荷马首先只是个名号（概念），通过无数叙事诗朗诵者的努力，荷马这个名号（概念）在历史的过程中不断地自我净化。

4　早先，叙事诗朗诵者只能朗诵荷马史诗，他们共享荷马这个名号，但随着时间的流逝，叙事诗朗诵者的个体意识觉醒，于是他们逐渐有了自己的名字，以及专属于这个名字的作品。

## 12

*漫游的*希腊人：他们是自然的征服者。

多么奇妙的进程，例如所有区域都把一切希腊人的普遍竞赛认可为一种风俗（δίκη）：这种风俗从何处而来？竞赛释放了个体：与此同时竞赛也依据着永恒的规则来约束个体。

这泛希腊的节日：在竞赛规则中的希腊人的统一。一间裁判所之前的竞赛。（竞赛 ἀγών[1] 也许就是权衡 "das Wägen"，车辆 "der Wagen" 与天平 "die Wage" 极可能是出自相同的词源？）

*嫉妒*（Der *Neid*）在这些希腊人那里被极其*强烈*地表现了出来：柏拉图，品达。*正义*（*Gerechtigkeit*）这个概念在他们那里比在我们这里更加重要：基督教完全不了解正义。

问题：意志，可怕的意志，如何被清洁和精炼，也就是说它如何转换，向高贵的冲动变换？通过表象世界的一种改变，通过它的目标的极端遥远，因而意志必定会在过度的松弛中完善（*Veredeln*）它自己。

艺术在意志净化（die *Reinigung des Willens*）之上的影响。

竞赛从战争中产生？作为一种艺术的游戏和模仿？

竞赛的前提条件。

"天才"！他是否在这样的时代里存在？

在古代（Alterthum）荣誉无限更高的重要性。

---

1  Ἀγών 在古希腊语中有竞赛，斗争，竞赛场，运动场等意。

东方的民族有社会等级（*Kasten*）。

像学术流派（Schulen）（接续，διαδοχαί）这样的研究会，不为社会阶层（Stande）服务，而是为了个体服务。

在喜剧中个人攻击的无尽*自由*（Unendliche *Freiheit* des persönlichen Angriffs）。

## 13

演讲：希腊人那里的竞赛。

神话个体同好战的竞赛者（dem agonalen）之间的战斗。

荷马竞赛的传说。

德尔菲作为祭礼的场所。

叙事诗朗诵者与叙事诗作品。

美学判断。

在艺术影响之下的伦理学。

赫拉克利特的竞赛的美释（Heraklit's Verklärung des Wettkampfs）。[1]

战争与竞赛。

---

1 赫拉克利特从朴素辩证法出发，认为世界存在于无休止的斗争之中。因而，他特别地肯定了战争的作用："战争是万物之父，也是万物之王，它使一些人成为神，使一些人成为人，使一些人成为奴隶，使一些人成为自由人"。参见《〈赫拉克利特著作残篇〉评注》，王乾都，西安：陕西师范大学出版社，1987 年，71 页。

爱神（Eros）[1] 与朋友的教育。

所有的偏心（Neigung），友情，爱情同时都是生理上的某种东西。对于身体能够到达多么高深莫测的层面，我们并不全然所知。

*希腊从德国精神的革新中的再次诞生。*
悲剧的诞生。
旋律（Rhythmus）。
荷马的竞赛。
宗教与艺术。
哲学与希腊人的生活。
更高级的神学研究所（Bildungsanstalten）。
友爱与教育。

---

1　厄洛斯（Eros），在赫西俄德的《神谱》里，他是爱欲与性欲的化身。是新生命诞生的原动力。然而，在晚期希腊神话里，他却是爱神阿佛洛狄忒的私生子。

# 附录：尼采巴塞尔时期的荷马研究 [1]

韩王韦

## 荷马与赫西俄德对立？

在尼采 1869 年冬至 1870 年春的手稿里，有这么一句话："赫西俄德之于荷马，就如同苏格拉底之于悲剧"。[2] 众所周知，在《悲剧的诞生》一书中，尼采将苏格拉底视为是古希腊悲剧的终结者，是古希腊文化堕落的标志与象征。如果说，尼采在其早期手稿里，将苏格拉底与悲剧对立起来，还可以理解，但出于什么理由，他会把赫西俄德与荷马对立起来呢？在搞清楚这个问题之前，有必要先追溯一下，那个广为流传的，赫西俄德与荷马竞赛的传说。据古希腊无名氏的《荷马与赫西俄德之间的竞赛》一文中的记载，在荷马与赫西俄德之间，曾经有过一场关乎诗艺的公开竞赛。竞赛一开始，赫西俄德就向荷马发问：

> 荷马，美雷斯之子，你拥有神赐予你的智慧，
> 请快点告诉我，对于人类，什么是最好的？

---

1  本文曾刊于《同济大学学报》（社会科学版），2015 年第 2 期。

2  尼采遗稿 1869 至 1874，KSA 第 7 卷，56 页，标号 2[31]，24 行。

荷马回答：

> 完全就不要出生，这是最好的；
> 一旦出生，越快踏进哈得斯的冥界大门越好。[1]

随后，赫西俄德吟诵了《工作与时日》里的部分诗句，而荷马则吟诵了《伊利亚特》里的部分诗句。最终，荷马凭借其高超的技艺和对宏大战争场面的掌控，征服了在场的希腊人。然而，国王却出人意料的将桂冠判给了赫西俄德，原因是，与歌颂英雄和战争的荷马相比，赫西俄德歌颂农作与和平，并试图用诗句教化民众，对城邦来说更为有益。

无名氏的这篇古文，尼采当然是非常熟悉的。因为他在莱比锡大学求学时，就曾经校勘过这篇文章。到了 1869 年秋，他还曾集中思考过"荷马作为竞赛者"[2]这样的主题，同时，他还计划在 1870 年，做一场关于荷马与赫西俄德竞赛的报告。[3]1870年，尼采针对荷马与赫西俄德的竞赛，还写了一篇考据文章：《关于荷马与赫西俄德的弗洛伦萨论文，他们的谱系与他们的竞赛》第一部分以及第二部分，1872 年又为这篇论文续写了第三到第五部分。在这篇考据论文中，尼采认为，以前的文

---

1　无名氏：《荷马与赫西俄德之间的竞赛》（*Der Agon zwischen Homer und Hesiod*），吴雅凌译为《荷马与赫西俄德之间的辩论》，《康德与启蒙——纪念康德逝世二百周年》，"经典与解释"丛书，刘小枫，陈少明主编，华夏出版社 2004 年版，297页，译文有稍许改动。

2　尼采遗稿 1869 至 1874，KSA 第 7 卷，16 页，标号 1[23]，21 行。

3　尼采遗稿 1869 至 1874，44 页，标号 1[112]，15 行。

法学家们过多的纠结于荷马与赫西俄德之间的竞赛到底真实还是不真实，而对于这场竞赛的形式，却从来没有进行过深入的分析研究。于是，尼采试图通过细致的形式分析来考察这场竞赛，并最终推断出，《荷马与赫西俄德之间的竞赛》一文，极有可能源自古希腊的诡辩学家，阿尔西达马斯（Alkidamas）的修辞学教学残篇。[1]

　　除了在文本的形式上对荷马与赫西俄德的竞赛进行考据以外，尼采还受到他巴塞尔大学同事布克哈特的影响，在1872年完成了《荷马的竞赛》一文。在这篇文章中，他试图通过竞赛来理解古希腊文化，并进而来理解荷马在古希腊文化中的意义。在文章的一开始，尼采就反驳了将人性从自然中区分出来的陈旧观点。在他的眼中，人性与自然是不可分割的，人性本来就应该是自然的。依循着自然人性的视角，尼采发现了希腊人身上一种与生俱来的"残酷的特征，一种老虎般的毁灭欲"。[2]接着，尼采开始追问，荷马那明朗而又柔和的面纱背后，掩盖了什么？究竟什么才可以称得上是古希腊文化的本源？为了解答这一问题，尼采引用赫西俄德《工作与时日》的唱词，解说道，这个世界上有两位不和女神，一位能鼓动大家相互争执，引发战争；另一位则会激励大家相互忌妒，主导竞赛。第一位不和女神是恶的，因为她时常会挑起纠纷，带领着人们走向战争，走向毁灭；而第二位不和女神却是善的，因为她时常

---

1 尼采：《关于荷马与赫西俄德的弗洛伦萨论文，他们的谱系与他们的竞赛》（ *Der Florentinische Tractat über Homer und Hesiod* ），in Rhetorica（Rheinisches Museum für Philologie），第25卷，1870年，528—540页；以及第28卷，1873年，211—249页。

2 尼采：《荷马的竞赛》，KSA第1卷，783页，15—17行。

会激发人们展开竞赛，引导他们得体而又正当地追求荣誉和财富。[1]因此，尼采认为，好忌妒的希腊人并不会认为自己的忌妒心是一种缺陷，相反，他们将之视为是遵从一位善意的不和女神的引导。基于这样的认识，尼采进一步断言，崇尚竞赛并且善于忌妒的希腊人，本着公平竞赛的精神，制定出了陶片放逐法（der Ostrakismos）。陶片放逐法是雅典政治家克里斯提尼（Cleisthenes）创立的一条法规，依据这条法规，雅典公民可以放逐任何一位威胁到城邦民主制的政治人物。不过，在尼采看来，这条法规的原初本质是对单一的杰出天才的防范。因为希腊人相信，在自然的秩序中，往往存在着多位天才，而不是一位独一无二的杰出天才。为了防范某个杰出天才的独裁，希腊人觉得，有必要制造出第二个天才来。[2]让天才们在竞赛中相互忌妒，相互激发，让智术师与智术师相遇，"让艺术家去憎恨艺术家"。[3]所以，对希腊人来说，有必要有一场荷马与赫西俄德的诗艺竞赛，无论它在历史上存在或者不存在。

由此可见，尼采思考的重心，并不在于考订荷马与赫西俄德之间的竞赛是否真实；也不在于纠结，荷马赢得了希腊人的心，却没有赢来诗人的桂冠这样的比赛结果；相反，他思考的重心在于，为什么希腊人需要这么一场竞赛？而竞赛对于希腊文化来说，又到底意味着什么？

厘清了尼采思考的重心，就明白了，为什么尼采要把荷马

---

1　尼采：《荷马的竞赛》，KSA 第 1 卷，786 页，15—34 行，787 页，9—16 行。《工作与时日》的原文见赫西俄德：《工作与时日》，张竹明，蒋平译，商务印书馆，1991 年版，1—2 页。

2　尼采：《荷马的竞赛》，KSA 第 1 卷，788 页，26—29 行；789 页，11—14 行。

3　尼采：《荷马的竞赛》，KSA 第 1 卷，790 页，18 行。

与赫西俄德对立起来，并且将这组对立，与苏格拉底和悲剧的对立并置于一起。因为，就像赫西俄德的出现，终结了荷马的英雄史诗传统一样；苏格拉底的横空出世，也终结了那奠基于阿波罗与狄奥尼索斯二元冲动之上的古希腊悲剧艺术。同时，赫西俄德与苏格拉底的出现，还意味着，在古希腊城邦里，道德劝诫开始成为社会的主流，而竞赛文化则开始走向衰败，走向没落。当然，赫西俄德与荷马之间的关系，比尼采早期所设想的，要更为复杂。因为赫西俄德有可能出现于荷马之前，因此也有可能代表着一种比荷马更为原始的文化。这或许是尼采后来在《悲剧的诞生》一书中，淡化荷马与赫西俄德的对立，转而强调苏格拉底与悲剧文化相对立的原因之一。

当然，就此时的尼采而言，要想深入地理解古希腊文化，首先需要面对的难题就是，如何认识荷马以及荷马作品的意义。

## 重估荷马问题

要想认识荷马以及荷马的作品，首当其冲，就要面对荷马问题（Homerische Frage）。而所谓的荷马问题，在尼采眼中，是古典语文学研究领域里无法回避的一个重要问题。它主要围绕着《伊利亚特》和《奥德赛》的作者以及它们的创作时间展开。简而言之，荷马问题就是要探讨：荷马是谁？他是一个人还是一个群体？他曾经生活在什么年代，出现于什么地方？《伊利亚特》和《奥德赛》是由他创作出来的，还是由后人杜撰出来的？这两部史诗在叙事风格和结构上是完整统一的呢，还是迥然相异的？除此之外，还延伸出了更多的相关问题。例如，《伊利亚特》和《奥德赛》这两部史诗在什么时期，被哪些文献学家整理加工过？这些文献学家的整理加工，究竟是为之增色了还是使之减色了？在这两部史诗的字里行间，会不会留有不同游吟诗人在不同年代里吟咏的痕迹？等等。

关于荷马问题的争论，尼采认为，至少可以溯源到亚里士多德时期。1869 年，尼采在他的巴塞尔大学就职演讲《荷马与古典语文学》中，对荷马问题这一语文学研究传统，做了简要的回顾性阐述。在这篇演讲中，尼采论述道，亚里士多德是荷马的拥趸，他竭力反驳之前所有对荷马以及荷马作品的质疑。所以，在亚里士多德的眼中，荷马是一位完美无瑕的艺术家。如果荷马的作品在结构或者风格上有什么问题，那并不是荷马本人的错，完全是因为代际之间的误传和篡改所造成的。[1]相反，那些来自亚里山大城的荷马的批评者们（Chorizonten）则认为，荷马并不完美，《伊利亚特》和《奥德赛》极有可能出自不同的诗人之手。为了应对这样的批评，与这些批评者同时代的另外一些文法学家，则将这两部史诗的结构以及风格上的不同，归因于诗人写作年龄阶段的不同。例如，这些文法学家们推测说，或许《伊利亚特》创作于荷马的中年，而《奥德赛》则创作于晚年。这样的话，就能解释为什么两部史诗在风格和结构上会有所不同了。

尼采认为，荷马问题的研究传统，归根结底不外乎，批评荷马与捍卫荷马，两条路线之争。至于古典语文学研究者会选择哪一条路线，则涉及他个人的品位和德性。但是，如果仅仅依靠语文学家的个人品位和德性，来发展语文学，那就只会让语文学变得越来越琐碎，只会让语文学的内部分化变得越来越

---

1 尼采：《荷马与古典语文学》，尼采早期手稿（Frühe Schriften：BAW），第 5 卷，Verlag C.H.Beck，慕尼黑，1994，295 页。

严重。

于是，当批评者在荷马史诗内部，发现了创作思想上的前后不一和自我矛盾时。捍卫者就会立即将这种前后不一和自我矛盾，归因于后来的歌唱者和编纂者；归因于那口口相传的游吟传统。荷马的捍卫者相信，在口口相传的游吟过程中，诗人们的表演往往是一次性的，不可复制的。荷马史诗正是通过这样的即兴表演才得以流传下来。但是，荷马史诗也正是在这样的即兴表演中，被不断地扭曲和篡改，并最终失去了创作之初的完美质地。[1]

到了 1795 年，德国古典学研究专家，弗雷德里希·奥古斯特·沃尔夫（Friedrich August Wolf）登上了学术舞台。正是在这一年，沃尔夫出版了他的古典学研究名著，《关于荷马的绪论》(*Prolegomena ad Homerum*) 一书。在这本书中，沃尔夫针对荷马作品的起源以及荷马是否是《伊利亚特》和《奥德赛》的唯一作者提出了尖锐地质疑与批评。沃尔夫的这本书在德国古典主义时期的影响非常大。德国文豪歌德，也曾经是沃尔夫观点的信奉者。不过，没过多久，歌德就转而投奔了捍卫荷马一族。其后，歌德还写了一首小诗《荷马，又是荷马》，来宣告自己的立场，来表达自己对沃尔夫之流的态度：

> 你们如此机敏，如你们所是，
> 让我们摆脱了所有的崇拜，
> 我们坦承极端自由。
> 《伊里亚特》不过是拼凑之物，

---

1　尼采：《荷马与古典语文学》，Frühe Schriften：BAW 第 5 卷，291—292 页。

> 但愿我们的背叛不会伤害任何人，
>
> 青春激情燃烧
>
> 我们宁愿将荷马作为一个整体去思考，
>
> 作为一个完整的欢悦去感受。[1]

尼采在他的演讲《荷马与古典语文学》中，也引用了歌德的这首小诗，其目的就是为了批判德国古典语文学界滋长起来的文献实证主义。尼采认为，文献实证主义的滥觞，在于沃尔夫。像沃尔夫那样喜欢文献实证的语文学家，常常会装扮出一副纯科学的派头，来掩盖自己艺术能力和艺术感受的缺失。在他们的骨子里，时常会活跃起一股否定偶像，否定传统的冲动。当他们骨子里的这股冲动，在语文学界中蔓延开来，并发展成为一种时髦和时尚时，古典语文学就会变得问题重重，从而也就会变得一无是处。尼采断言，正是这样一种否定偶像，否定传统的趋势，使得语文学家们在现实面前无所作为。因为语文学家作为古典之友，现在却以否定和毁坏古典为乐，这一定程度上会助长知识圈里自我崇拜的劣习；同时，也会助长那些所谓的当代英雄的气焰，鼓励他们装模作样的在社会上呼风唤雨。然而，他们只不过是擅长于制造层出不穷的连篇废话罢了。

对比沃尔夫，尼采当然会更倾向于认同歌德的观点。也就是说，尼采更倾向于赞同，把荷马当作一个整体去思考，当作一个整体去感受。但是，这并不意味着，尼采想成为一个简单

---

1　歌德:《荷马，又是荷马》(*Homer wieder Homer*)，收录于歌德作品集 (Sämtliche Werke)，第 13 卷第 1 部分 (Bd.13.1)，Münchner Ausgabe，1992 年，179 页。

的荷马捍卫者。在尼采的眼中，无论从批评的角度，还是从捍卫的角度，探究荷马问题都是徒劳的。因为，没有一方能够真正地说服另一方。相反，这只会让一派古典语文学家去敌视另一派古典语文学家，让古典语文学界的内部纠纷，千秋万世的持续下去。

为了彻底了结古典语文学界的这种内部纠纷，尼采认为，首先应该将荷马看成是一个名号。作为一个名号，荷马并不必然与一个人或者一群人有关。因为，就目前的考据而言，唯一能够确认的是，荷马这个名号与英雄史诗之间的关系。也就是说，荷马这个名号最初就是与英雄史诗相关联的。而英雄史诗，当然不会只有《伊利亚特》和《奥德赛》两部。所以说，要解决荷马问题，关键就是要解决荷马的人格问题（die Persönlichkeit Homers），而要解决荷马的人格问题，关键就是要将荷马正确地理解为英雄史诗之父，要从英雄史诗这样的题材上去认识荷马，而不要无休止地争论，荷马是不是一个个体诗人，能不能被尊称为《伊利亚特》和《奥德赛》的作者。尼采认为，荷马这个名号，自一出现就是一个与英雄史诗有关的题材概念；而古典语文学家无论是坚信荷马是《伊利亚特》和《奥德赛》的作者，还是质疑荷马是《伊利亚特》和《奥德赛》的作者；都只不过是一种美学判断（ein aesthetisches Urtheil）。[1] 这在荷马问题研究上无疑是一种偏离。

如果纯粹的从英雄或者战争的角度来理解荷马以及那些与荷马相关联的作品，就会发现一个明朗而又讨人喜欢的世界。这个世界被荷马那天才般制造出来的艺术幻觉所笼罩。但

---

1　尼采:《荷马与古典语文学》，Frühe Schriften：BAW 第 5 卷，299 页，300 页。

是，假如撕开那块荷马所编织出的温馨且迷人的艺术面纱，呈现在人们面前的，却是希腊人本性中的残暴和赤裸裸的毁灭欲。在《荷马的竞赛》一文中，尼采区分了荷马的世界（die homerische Welt）与前荷马世界（die vorhomerische Welt）。[1]与荷马的世界相反，前荷马世界是一个不断争斗的，血腥并且残暴的世界。它带来的永远是黑暗和恐惧，是与生俱来的对生存的深深厌倦。荷马的出现改变了这一切。在荷马这个名号之下，一个前所未有的明朗的世界呈现了出来。1872 年年初，尼采出版了他的《悲剧的诞生》一书。在这本书中，尼采借用日神阿波罗元素（das Apollinische），对荷马的世界进行了深入的分析和探究。显然，此时的尼采已经十分清楚，要想了解古希腊文化的发展方向，梳理并且认识荷马世界的价值，是必不可少的一个环节。

## 荷马世界的出现与消亡

在《悲剧的诞生》一书中，尼采转述了一个传说，佛吕吉亚国王弥达斯（Midas）在森林里捕捉到了酒神的同伴，森林之神西勒尼[2]（Silen），并强迫他回答，"对于人类来说，绝佳至美的东西是什么"。西勒尼尖笑着回答道，对你们而言，绝佳至美的东西就是"不要出生，不要存在，成为虚无"，而次等佳美的东西就是"赶快死掉"。[3]

---

1　尼采：《荷马的竞赛》，KSA 第 1 卷，784—785 页。

2　西勒尼，希腊神话中是狄奥尼索斯的老师与同伴。参见中译本《悲剧的诞生》，孙周兴译，商务印书馆 2012 年版，32 页，脚注 3。

3　尼采：《悲剧的诞生》，KSA 第 1 卷，35 页，13—24 行。参见中译本《悲剧的诞生》，孙周兴译，商务印书馆，32 页。

这里国王弥达斯与林神西勒尼的对话，跟荷马与赫西俄德竞赛一开始两位诗人的问答一样，都在向世人传达一种相似的民间智慧，即，生命就是虚无，死亡就是解脱。

尼采认为，这种对生命无常的理解，和对生存的深深厌倦，在前荷马世界里，就已经开始折磨人类的灵魂了。它也一定程度上促使了当时的人们，以毁坏杀戮为乐。与他们的毁坏杀戮相对应，就出现了一个恐怖的原始提坦神秩序（der ursprünglichen titanischen Götterordnung des Schreckens）。尼采将生活于这一秩序中的人，称为狄奥尼索斯式的野蛮人（Die dionysischen Barbaren）。这些狄奥尼索斯式的野蛮人放任自己，完全受制于内心深处的那种毁灭欲，从而陷入无休止的争斗，残杀和破坏之中。面对着这样一个原初的恐怖秩序，希腊人却天才般的，构建起一个欢快的奥林匹斯山诸神秩序（die olympische Götterordnung der Freude）。正是在这一欢快秩序中，诞生了与狄奥尼索斯式的野蛮人有所不同的狄奥尼索斯式的希腊人（Die dionysischen Griechen）。[1] 这些狄奥尼索斯式的希腊人的出现，就意味着古希腊人彻底的脱离了原始层级，转而步入了文明。

尼采认为，区分狄奥尼索斯式的野蛮人与狄奥尼索斯式的希腊人的关键，就在于欢快的奥林匹斯山诸神秩序的确立。而这一欢快秩序的确立则与荷马的世界息息相关。因为这两者，都是依靠阿波罗的美的冲动（der apollinische Schönheitstrieb）才得以自我实现和自我完成的。

所谓的阿波罗的美的冲动，在尼采笔下，是与狄奥尼索

---

1　尼采:《悲剧的诞生》，KSA 第 1 卷，31 页，32—34 行；36 页，8—14 行。

斯冲动相对而言的。在《悲剧的诞生》一书中，尼采借用日
神阿罗波和酒神狄奥尼索斯，来代表两类根源于大自然的艺
术冲动。因为这两类艺术冲动是自然的，所以，就其本质
而言，它们并"不需要人类艺术家那样的中介"来表现自
己。[1] 阿波罗，代表着梦幻，表象和虚假的美好；而狄奥尼索
斯，则代表着酒醉，迷狂和本真的激情。在古希腊城邦中，
与狄奥尼索斯冲动相对应的，是上文提到的狄奥尼索斯式的
希腊人。而与阿波罗冲动相对应的，则是做梦的希腊人（die
Träumenden Griechen）。做梦的希腊人，尼采又将之称为是众
荷马（Homere）；与此同时，尼采又将荷马，也称为是"一个
做梦的希腊人"。[2] 由此可见，在尼采的眼中，荷马这个名号，
与做梦的希腊人在内涵上是等同的。那么，尼采究竟依据什么
才得出这样的结论？他到底凭借什么才会认为，荷马就其本质
而言，注定与梦幻相关？

　　要解答这个问题，就有必要去重新审视，林神西勒尼教唆
人去死的智慧。很显然，对西勒尼而言，人类的生命并不值得
留恋，死亡才是最好的解脱。但是，荷马却颠覆了这教人厌世
的林神智慧，让生命变得美妙且富有价值。尼采认为，在荷
马的世界中，那些战场上的英雄们的真正悲痛，并不在于生，
而在于死，在于突然间的离世而亡。对于荷马式的人物而言，
"糟糕透顶的事情就是突然间死亡，而次等糟糕的事情则是，
早晚要死亡"。[3]

　　毋庸置疑，在尼采的眼中，荷马最为重要的功绩就是，抑

---

1　尼采:《悲剧的诞生》，KSA 第 1 卷，30 页，18—23 行。
2　尼采:《悲剧的诞生》，KSA 第 1 卷，31 页，25—27 行。
3　尼采:《悲剧的诞生》，KSA 第 1 卷，36 页，25—30 行。

制了人类的死亡冲动，让他们感觉到生之可贵。也就是说，正
是因为荷马的出现，才使得古希腊人懂得去克制自己骨子里
的毁灭欲，用求生，来代替求死，进而在日常生活里去追求
荣誉，追求高贵。因此，可以肯定地说，在荷马的世界中，战
争，杀戮和毁灭，从来就不是目的；相反，活着，并且能更好
地活下去，才是目的。

也正是因为如此，荷马才在他的史诗《奥德赛》中，让
英雄奥德修斯（Odysseus）跟另一位已经阵亡英雄，阿喀琉斯
（Achilleus）的鬼魂，在地府相逢。而阿喀琉斯的鬼魂也才会
当着奥德修斯的面，说出以下这番话：

> 光荣的奥德修斯，我已经死了，你又何必安慰我呢？
> 我宁愿活在世上作人家的奴隶，侍候一个没有多少财产的
> 主人，那样也比统率所有已死的魂灵要好。(《奥德赛·卷
> 十一》[1])

荷马让好生恶死，从一位英雄口中说出。而这位英雄又不
是别人，恰恰是那位昔日在特洛伊战场上，最为耀眼的英雄，
阿喀琉斯。他现在却甘愿用他一生的荣耀和尊严，去换得一个
能够在世上苟延残喘的机会。这是何等的震撼人心。

可以看出，这里的荷马与竞赛诗艺时的荷马，在对待生命
的态度上，是截然不同的。显然，此时的尼采已经认识到，再
从荷马与赫西俄德对立的角度来认识古希腊文化，是没有出路
的。因为，在荷马与赫西俄德这两个名号之下，都涵盖了大量

---

1　荷马:《奥德修纪》(《奥德赛》)，杨宪益译，上海译文出版社 1979 年版，144 页。

矛盾且又无法考证的文献材料。所以说，要想理解荷马，唯一的出路就是，将荷马这个名号，与荷马世界之间，画上等号。而英雄史诗《伊利亚特》和《奥德赛》，就是荷马世界确立的标志。

尼采认为，在荷马世界中，无处不散发着荷马的素朴与天真。当然，最能传达这份素朴与天真的，就是荷马劝导世人好生恶死的苦心。尼采将荷马的这份素朴性工作，称为是"阿波罗幻相的彻底胜利"。[1] 这也就是说，在尼采的眼中，荷马史诗的出现和定型，不但意味着恐怖的提坦神秩序的崩塌，同时也意味着前荷马时代的终结。

不可否认，荷马的世界是明朗欢快的。它以一种梦幻的，虚假的方式，让人好生恶死。在这个世界里，人们不需要去探究世界的本质，也不需要去追问万物的根源，相反，只需要去好好把握眼前这个以空间和时间的形式呈现出来的世界，就足够了。不过，如果要想得体的跟眼前这个世界打交道，依据荷马的看法，那就有必要去遵循一条法则，即，对荣誉的向往和对高贵举止的爱慕。

尼采认为，虽然在荷马的世界中，阿波罗元素（das Apollinische），能够施光亮赋万物以形，布威严令万物有序，起梦幻让世人留恋此生。但是，对于生性敏感，却又不甘愿终日生活于梦中的希腊人而言，留恋此生并不代表就能永保此生。在死亡之苦如影随形的纠缠之下，希腊人不得不向狄奥尼索斯的迷醉狂欢求助。于是，在狄奥尼索斯的迷醉狂欢中，阿波罗冲动所构建出的快乐秩序的崩溃，或者说，阿波罗式的梦

---

[1] 尼采：《悲剧的诞生》，KSA 第 1 卷，37 页，25—27 行。

幻的崩溃，就彰显为一种艺术现象。[1] 而这一艺术现象的结晶，就是希腊悲剧。虽然，希腊悲剧在本质上是狄奥尼索斯艺术，但是，在这一艺术形式中，"无论是阿波罗的艺术意图还是狄奥尼索斯的艺术意图，都得到了极致的发挥"。[2] 所以，悲剧世界虽然与荷马世界有所不同，但它并不必然就是荷马世界的对立面。悲剧，在阿波罗的梦幻与狄奥尼索斯的迷醉二元冲突之中，完成了与荷马相类似的工作，即，肯定生命。所以，荷马史诗与希腊悲剧在古希腊艺术中是一体两面的，它们都出现在欢快的奥林匹斯山诸神秩序之下，并且都代表了各自领域的最高成就。两者唯一的不同在于，荷马史诗给这个世界施以梦幻，用假象来劝导世人求生；而悲剧却习惯于撕破这梦幻，让命运的本质裸露出来，给人以震撼，让世人在精神上感受到狂醉的力量，从而体验到生命的本质。

在尼采的眼中，苏格拉底才是荷马世界与悲剧世界的反面。苏格拉底是受到希腊竞赛文化熏陶过的。他曾经"以挑衅之势走遍雅典，造访那些最为伟大的政治家、演说家、诗人和艺术家，却到处都遇上知识的自负与傲慢"。[3] 苏格拉底发现，雅典城内缺少真知，充满了幻相。于是，他要通过理性，来终结那在雅典城邦中流行的意见与意见之间，或者说幻相与幻相之间的文化竞赛。尼采认为，苏格拉底代表了"一种前所未有

---

1　尼采：《悲剧的诞生》，KSA 第 1 卷，33 页，1—3 行。

2　尼采：《悲剧的诞生》，KSA 第 1 卷，150 页，11—13 行。中译本参见《悲剧的诞生》，孙周兴译，商务印书馆 2012 年版，171 页。

3　尼采：《悲剧的诞生》，KSA 第 1 卷，89 页，19—22 行。中译本参见《悲剧的诞生》，孙周兴译，商务印书馆 2012 年版，98 页。

的此在方式的典型，即理论家的典型"。[1] 他与希腊本质是如此的格格不入。在尼采看来，希腊的本质，主要是体现在荷马以及悲剧作家埃斯库罗斯等人的身上的。[2] 但是，苏格拉底，这位用理性积极求知的古希腊哲人，他自己的身上并没有多少艺术细胞，他理解不了荷马，就像他理解不了音乐悲剧一样。所以，苏格拉底通过他的理性乐观主义，在荷马的表象世界与悲剧的意志世界之外，构建起了一个概念世界。而这个概念世界，在本质上是反生命的，它不但抛弃了世界的表象，而且还抛弃了世界的本质。苏格拉底的概念世界的确立，也就意味着，希腊人跟荷马世界和悲剧世界说再见了。

---

1　尼采：《悲剧的诞生》，KSA 第 1 卷，98 页，8—9 行。中译本参见，同上，109 页。
2　尼采：《悲剧的诞生》，KSA 第 1 卷，90 页，7—8 行。

# 后 记

学术百年，翻译居功至伟，但也被抱怨最多。这种抱怨在进入到 21 世纪之后更甚。究其原因，可能是因为读者的外语水平越来越高，而译者的耐性却越来越少的缘故。所谓翻译，其实说到底不过是诚意的问题。如何忠于原作，向原作者表达诚意；如何面对母语，向母语区的读者表达诚意；以及如何面对自己，向自己数十年如一日"求知格物"的象牙塔生涯表达诚意。希望本书的译介能够在一定程度上继承和传达这样的诚意。

在此需要特别感谢的是上海人民出版社的赵伟编辑。他在 2013 年年底向我邀约，希望我能翻译尼采巴塞尔时期的部分讲稿：《关于索福克勒斯〈俄底浦斯王〉的课程导论》以及《古典语文学研究导论》。随后他通过电邮，寄给我一份电子版的尼采全集（MusA 版）第二卷。当时这一版全集并不在我的关注范围之内。

在我发现了尼采早期研究荷马的文稿基本上都收录于这一卷之后，我就想先把尼采的荷马研究整理翻译出来。因为国内学界对于尼采这一时期的荷马研究相对来说还是比较陌生的，偶尔有个别学人对之抱有研究的热情，但往往也只是将研究范围局限在分析《荷马的竞赛》一文之上。如果能将尼采的荷马研究结集成册，对于以后的相关研究工作来说，应该也算得上是有所助益的。

是为记。

韩王韦

2015 年 4 月 16 日于沪

**图书在版编目(CIP)数据**

荷马的竞赛：尼采古典语文学研究文稿选编/(德)
尼采(Friedrich Nietzsche)著；韩王韦译. —上海：
上海人民出版社，2018
(光启文景丛书/陈恒主编)
ISBN 978-7-208-14461-3

Ⅰ.①荷…　Ⅱ.①尼…②韩…　Ⅲ.①尼采
(Nietzsche，Friedrich Wilhelm 1844-1900)-古典文学研
究　Ⅳ.①B516.47②I109.2-02

中国版本图书馆 CIP 数据核字(2017)第 090809 号

**责任编辑**　赵　伟
**封面设计**　肖晋兴

·*光启文景丛书*·

**荷马的竞赛**
——尼采古典语文学研究文稿选编
[德]尼　采　著　韩王韦　译

出　　版　上海人民出版社
　　　　　(200001　上海福建中路 193 号)
发　　行　上海人民出版社发行中心
印　　刷　常熟市新骅印刷有限公司
开　　本　890×1240　1/32
印　　张　6.75
插　　页　5
字　　数　147,000
版　　次　2018 年 2 月第 1 版
印　　次　2018 年 2 月第 1 次印刷
ISBN 978-7-208-14461-3/B·1268
定　　价　42.00 元